Cenk Saresma

Miteinander in Liebe wachsen

Energiearbeit für eine erfüllende Partnerschaft

93055 Regensburg
E-Mail: mail@reichel-verlag.de
Tel. 09194-8900
www.reichel-verlag.de

Cover-Gestaltung: Christian Wolf
www.artworkersdesign.de

ISBN 978-3-910402-02-7

Über das Buch
Eine Partnerschaft, die ein Leben lang hält, wer wünscht sich das nicht? Liebe gehört zum glücklichen Leben unbedingt dazu. Doch sie gelingt auch nicht von allein, weder aus Zufall noch im Selbstlauf. Eine Beziehung beginnt erst durch aktive Pflege wirklich zu strahlen, und eine starke Basis muss bewusst geschaffen werden, wie dieses Buch zeigt. Die gute Nachricht ist: Liebe auf Augenhöhe kann man erlernen.

Über den Autor
Cenk Saresma studierte International Business Management in Karlsruhe und Cardiff (Wales). Es folgten Ausbildungen in Geist-Heilung, EnergieCoaching Aura Healing, Quantenheilung, russischen Heiltechnologien, spiritueller Hypnose, NLP und diverse mediale und systemische Trainings, Gründung und Leitung der Akademie für Bewusstsein & Transformation in Karlsruhe. Er entwickelte die Ausbildungsreihe Heart Evolution® Methode.

Haftungsausschluss:
Die im Buch enthaltenen Übungen wurden vom Autor sorgfältig erarbeitet und geprüft. Eine Garantie kann dennoch nicht übernommen werden. Der Autor übernimmt keine Haftung für Schäden irgendeiner Art. Es handelt sich hierbei um Informationen, die nicht als Diagnose, Behandlung oder Ersatz für eine psychologische oder medizinische Betreuung gedacht sind.

Anrede: Aus Gründen der besseren Lesbarkeit wird an manchen Stellen die männliche Anrede verwendet. Die weibliche Form wird dabei explizit eingeschlossen.

Inhalt

Vorwort

Millionen Menschen in Deutschland schauen jeden Tag fern. Sie schauen dem Leben anderer zu – statt dem eigenen Leben – und selbst das ist nicht mal echt. Im Großen und Ganzen muss ich dem Klischee recht geben: Männer schauen Krimis, Frauen Liebesfilme. Das ist faktisch so, wenn auch nicht in jedem Einzelfall. Aber abgesehen davon, dass unser Leben kein Film ist, auch wenn wir uns das manchmal wünschen, ist diese grobe Aufteilung die Basis meiner Arbeit als Energie-Coach und Grundlage meiner Ausführungen in diesem Buch. Zwischen Männern und Frauen gibt es gravierende Unterschiede, aber auch jede Menge Brücken, um sich als Paar zu finden und miteinander zu harmonieren. Yin und Yang sind die perfekte Ergänzung. Um bei unserem Bild zu bleiben: Krimi und Romanze gehören also in gewisser Weise zusammen. Die große Harmonie, nach der wir uns alle in Liebesbeziehungen sehnen, beruht sogar explizit auf diesem Gegensatz.

Ich möchte das kurz skizzieren: Das Gehirn einer Frau arbeitet hauptsächlich orientiert an Kontakt und Vernetzung. Der weibliche Zugang zum Leben ist somit verwoben, systemisch und sehr fluid. Es ist wie bei einem

Weihnachtsbaum, es brennen gleichzeitig alle Lichter. Der Mann denkt mehr in Strukturen, in Boxen. Er wechselt nicht so geschmeidig wie eine Frau zwischen den Schauplätzen, er ist nicht so „multi“. Wenn er beispielsweise im Arbeitsmodus ist, kann er gerade nicht am Telefon von Liebe sprechen. Daher ist es dem Mann oft zu viel, wenn seine Frau gleichzeitig von „allem“ erzählt. Es verwirrt ihn. Auch hier möchte ich keine dogmatische Perspektive eröffnen, sondern nur am plakativen Beispiel die miteinander „tanzenden“ weiblichen und männlichen Qualitäten darstellen. Und natürlich hat jeder Mensch beide Anteile ich sich, nach ganz individueller Verteilung. Im Symbol wird dies durch die kleinen Inseln in den Tropfen angedeutet.

In einer intimen Partnerschaft beieinander wirklich anzukommen und zu Hause zu sein, ist die große Sehnsucht, der die meisten Menschen folgen im Leben. Es mag von außen gesehen zwar oft so wirken, als würden andere Lebensbereiche priorisiert, wie beispielsweise die Karriere, doch wenn wir ehrlich sind, macht aller Erfolg kaum Sinn, solange man einsam ist oder unglücklich in der Liebe. Die Familie ist das Wertvollste, was wir haben, und eine Partnerschaft lässt uns die Geborgenheit finden, die wir alle brauchen. Egal, ob Sie, liebe Leserin, lieber Leser, zurzeit glücklich liiert sind oder nicht und ob Sie aktuell unter Beziehungskonflikten leiden oder nicht – was immer überhaupt Ihre Sicht auf Liebe ist: Ich möchte Ihnen im Folgenden einige wesentliche Basisinformationen zur energetisch-systemischen Beziehungsarbeit zur Verfügung stellen. Meiner Erfahrung nach lassen sich die überall dringender und schmerzlicher werdenden Schwierigkeiten und Hindernisse zwischen Männern und Frauen in Beziehungen, aber auch in der potenziellen Annäherung und Partnerwahl nämlich nicht mit Logik und Willen allein überwinden. Es genügt nicht, sich Frieden zwischen den Geschlechtern vorzunehmen, solange in dem Menschen selbst kein Frieden herrscht. Vielmehr kommt es darauf an, dass jeder zuerst für sich selbst innerlich die „Waffen niederlegt“ und die „Kampfzone“ tiefer im eigenen Herzen erforscht. Ich hoffe, Ihnen auf diesem Weg wertvolle praktische Anregungen geben zu können, und wünsche Ihnen vor allem viele nützliche Einsichten.

Möge Ihre Seele jeden Tag gesegnet sein!

Einführung

In den vergangenen Jahren haben viele Menschen an meiner Seminarreihe „Heart Revolution Relationship Mastery“ teilgenommen. Singles, aber auch Paare kamen in der Hoffnung, entweder Unterstützung zu finden in Beziehungskrisen oder sich auf eine neue Partnerschaft vorbereiten zu können. Nicht wenige hatten den Wunsch, Beziehungs-Blockaden zu lösen oder mindestens besser zu verstehen. Andere wollten ihre bisherigen Erfahrungen verarbeiten und ergründen, um aus Fehlern zu lernen oder ein weiteres Scheitern zu vermeiden. Allen gemeinsam war die tiefe Sehnsucht, mit einem Partner/einer Partnerin erfüllt und glücklich zu leben. Dieses Bild setzt sich natürlich weiter fort in meiner Arbeit, denn das Thema Liebe durchzieht jedes Leben, in jeder Generation, solange Menschen existieren.

Doch nicht nur die schmerzlichen Verhinderungen und Behinderungen im gegenseitigen Miteinander beschäftigen meine Klienten und Klientinnen. Oftmals steht auch die Frage im Raum, wie der oder die Einzelne in der Liebesbeziehung sich entwickeln kann und was es braucht, um gemeinsam zu wachsen – und letztlich welchem übergeordneten Sinn die Gemeinsamkeit folgen möchte. Die

Frage nach der gemeinsamen Perspektive weckt in den meisten eine berührende Wachheit und Freude, wenn da nicht all die belastenden Konflikte wären, all die hässlichen, kräftezehrenden Auseinandersetzungen. Wie auch in anderen Lebensbereichen, bspw. im Beruf oder im sozialen Umfeld, scheinen im Alltag die Probleme zu überwiegen, sodass der eigentlich so schöne Gedanke an Zukunftsgestaltung niedergedrückt wird und als Motivator kraftlos bleibt.

Zwischenmenschliche Dynamiken

Normalerweise versuchen wir Menschen in Konfliktsituationen faktisch zu ermitteln, worin das Problem eigentlich besteht. Wir wälzen in Gedanken die Dinge, die passiert sind, und grübeln über das, was gesagt oder getan wurde. Doch meist führt das zu nichts, vor allem dann, wenn wir eine Schuld zugrunde legen, die wir natürlich gern bei anderen vermuten. Letztlich sind aber zwischenmenschliche Dynamiken zu weiten Teilen unbewusst und spiegeln sich nicht allein über Fakten – also über Aussagen, die jemand macht, oder über Verhaltensweisen. Daher ist es oft auch nicht zielführend, diese vorschnell zu interpretieren. Unsere psychische Konstitution spielt dabei eine ebenso große Rolle wie karmische und energetische Hintergründe. Das für die meisten undurchschaubare

Prinzip der Anziehung und Abstoßung ist eine Schaltstelle, die nur in der Tiefe der menschlichen Seele erforscht und auf der energetischen Ebene gesteuert werden kann.

Dieses Buch soll Ihnen als Leser und Leserin einerseits Impulse geben, Ihr Leben in seinem Verlauf und Ihre Beziehungen allgemein auf dieser Ebene zu untersuchen und besser zu verstehen. Zudem bietet es Ihnen ganz praktische Anregungen, sich aktiv und kreativ mit den angenehmen wie unangenehmen Effekten der in Ihrem Leben wirksamen Dynamiken zu beschäftigen. Schon kleinste, bewusste Einflussnahmen können dabei große Wirkungen zeigen. Anhand strukturierter Beschreibungen der einzelnen Aspekte des Beziehungslebens können Sie selbst erforschen, auf welche Stärken Sie zukünftig bauen können und welche Schwachstellen Sie gezielt bearbeiten sollten. Ergänzend lernen Sie, bspw. tägliche Rituale einzusetzen, durch Reflektieren Ihren Beziehungshaushalt zu klären und mittels Check-up-Tipps und Übungen Ihre Innenwelt zu erforschen sowie Ihre Körper-Seele-Balance zu pflegen.

Das A und O der Beziehungspflege ist nach meiner Erfahrung die Bereitschaft, für sich selbst wie auch für den Partner/die Partnerin ein höheres Bewusstsein zu entwickeln, das heißt einerseits, sich dafür bewusst Zeit zu nehmen und Raum zu schaffen, und andererseits konkret am Beziehungsgeschehen teilzunehmen, statt die Dinge dem Zufall oder Selbstlauf zu überlassen. Liebe – so wie wir sie uns alle grundsätzlich wünschen – ist nichts, was einfach so vom Himmel fällt oder sich von allein entfaltet. Wir müssen sie ganz bewusst einladen in unser Leben und uns selbst für wert genug erachten, sie zu empfangen. Wachheit bzw. Bewusstheit ist dabei keine Sache der Absicht oder Verweigerung. Wach zu sein bedeutet, sich für die Liebe, für die Beziehung, für den Partner/die Partnerin und vor allem für sich selbst bewusst zu entscheiden. Wach zu sein bedeutet auch, sich ernsthaft auseinanderzusetzen, sich zu konzentrieren und vollen Einsatz zu bringen.

Zum Reflektieren brauchen Sie in sich selbst eine wache Instanz. Doch wie wachen Sie auf? Wie schaffen Sie in sich eine wache Aufmerksamkeit? Versuchen Sie, jetzt sofort, wahrzunehmen, dass Sie gerade dieses Buch lesen. Bemerken Sie, wo Sie sich befinden, ob Sie gerade auf einem Stuhl sitzen oder auf dem Sofa liegen. Nehmen Sie Ihren Körper wahr, vielleicht schließen Sie für einen Moment die Augen, um in sich hineinzuspüren. Achten Sie bspw. darauf, wie Ihr Atem geht. Spüren Sie die

Atemzüge beim Ein- und Ausatmen. Es braucht ein wenig Übung, eine wache Achtsamkeit[1] zu praktizieren. Manche Menschen nutzen dafür die Meditation[2], aber Sie können auch ganz einfach im Alltag darauf achten, dass Sie diese Selbstwahrnehmung für sich als Dauermodus integrieren. Das mag nicht sofort gelingen, aber mit der Zeit stellt sich eine neue Aufmerksamkeit ein, die Ihnen guttut. Jenseits Ihres eigentlichen Beziehungsanliegens kann diese Aufmerksamkeit ein großer Gewinn zum inneren Ausgleich sein. Sie werden ruhiger, gelassener und verfügen über mehr Kapazität, sich den alltäglichen Aufgaben zu stellen. Sie fühlen sich wohler und kräftiger, und vor allem werden Sie mehr das Gefühl haben, selbst über Ihr Leben zu bestimmen. Sie können bewusster mit Ihren Mitmenschen im Kontakt sein, ob das nun Ihr Partner/Ihre Partnerin oder Kollegen, Eltern, Kinder, Freunde oder Nachbarn sind.

---

[1] Achtsamkeit ist die Praxis der bewussten Wahrnehmung im gegenwärtigen Moment, vor allem des körperlichen, mentalen und emotionalen Befindens.

[2] Meditation ist eine Möglichkeit, sich in die Stille zu versenken und ganz bei sich selbst anzukommen.

Was ist Energiearbeit?

Das Wort „Energie“ wird aus dem Griechischen hergeleitet: *energeia* = Wirkung. Um die subtile, energetische Arbeit zu verstehen, muss man zunächst wissen, was Energie überhaupt ist – jenseits der Kenntnisse, auf die wir uns normalerweise beziehen. Energie ist nicht nur bspw. elektrischer Strom, also eine physikalische Form und Materie. Auch alles in uns und um uns herum ist Energie: Glaubenssätze und Überzeugungen, emotionale Muster und innere Bilder. Es gibt Körperenergien, Lebensenergie[3], und auch die Seele[4] des Menschen ist eine Energieform. Was immer wir also denken, fühlen oder tun, hat eine energetische Grundlage und wirkt sich energetisch auf unser Leben aus. Das Verständnis der Energie als „Substanz“ allen Daseins und aller Existenz bildet die Basis der modernen Spiritualität und im Speziellen der Energiearbeit, die sich oft auch auf die Heilung richtet – Heilung nicht nur des Körpers, sondern auch der Emotionen, also des Herzens. Sie wirkt subtil über das Material der

---

[3] Die Lebensenergie wird in den östlichen Traditionen und Heilungsschulen zugrunde gelegt – auch Qi oder Chi genannt.

[4] Die Seele ist die Energieform des Physischen; sie existiert unabhängig, ist aber während einer Inkarnation mit dem menschlichen Körper verbunden. Nach dem Tod steigt die Seele wieder auf in die kosmische Ebene und inkarniert schließlich wieder neu auf der Erde.

Psyche: die Seele. Neben der klassischen Therapie und der inneren Arbeit am Selbst und an der Persönlichkeit wirkt die Energiearbeit sozusagen bereichsübergreifend und vor allem tiefenwirksam – bis in das Zellbewusstsein[5] hinein – mit dem Ziel einer effektiven Zelltransformation[6]. Wo Therapie und Arbeit am Selbst oftmals viel Zeit in Anspruch nimmt und meist eine Art Umgewöhnung ansteuert per Übung und Disziplin, ist die Energiearbeit in der Lage, die Zellprogramme per sofort umzukehren, das heißt, alte Speicherprogramme werden gelöscht und neue Erfahrungsreferenzen gebildet. Auf dieser Grundlage sind u. a. auch sogenannte Spontanheilungen zu erklären. Doch egal, welche Sicht Sie auf diese Welt haben und welcher Kosmologie oder Philosophie Sie folgen, eines steht fest: In der jetzigen Zeit verändern sich die Dinge rasant schnell, nicht nur im Sinne der Digitalisierung und Globalisierung, sondern auch hinsichtlich der wechselnden Wertesysteme und Paradigmen. Das Rationale und Logische verliert an Bedeutung und tritt zurück, stattdessen werden Wege und Orientierung zur Entschei-

---

[5] In den Körperzellen sind alle Erfahrungen gespeichert, somit fungieren sie wie eine Art „Körpergedächtnis".

[6] Die in den Körperzellen gespeicherte Erfahrung wird „abgerufen", akzeptiert, ausgedrückt und erlöst – und damit wird der „Speicherplatz" frei/leer.

dungsfindung subtiler, intuitiver, gehen vom Herzen aus – schon wegen der Datenmengen, die nicht mehr verstandesmäßig ausgewertet werden können, aber auch weil Entscheidungen ohne Gefühle und Psyche nicht dauerhaft greifen und automatisch glücklich machen. Unser Sicherheitsempfinden verschiebt sich von äußeren auf innere Garantien. Die steigende Flexibilität und Mobilität und obendrein Komplexität verlangen nach Vereinfachungen und direktem Zugriff. Wir haben uns bisher äußerlich verwaltet, aber innerlich von dem entfernt, was wir verwalten: unser Leben. Resonanz wird immer mehr zum direkteren Weg, im Leben zu navigieren: *Was sagt mein Herz?* Das mit dem bloßen Auge Sichtbare, das Materielle, wird vom Universum nicht länger subventioniert. Nur die Seele schafft echte Substanz.

Fragen Sie sich selbst: *Was ist richtig für mich? Helfen mir Zahlen oder Daten, Fakten und Wahrscheinlichkeiten?* Die Algorithmen helfen nicht mit Trefferquoten, sondern Resonanzen sprechen von dynamischen Verbindungen und von dem, was Menschen miteinander energetisch und karmisch wirklich zu tun haben. Nur weil zwei Menschen gerne Spinat essen oder segeln gehen, zeugt das noch nicht von Passgenauigkeit. Übereinstimmungen der Interessen und Ausrichtungen im Leben sind zwar wichtig, aber es geht um das Beziehungs-„Thema“ und die energetische Dynamik.

Früher waren Beziehungen – Ehen – anders funktional: Es gab die Großfamilie, beispielsweise eine Bauernwirtschaft mit mehreren Generationen. Die Land- und Viehwirtschaft war eine generationsübergreifende Lebensgrundlage – hier waren alle versorgt. Aber Liebe spielte eine untergeordnete Rolle. Die großbäuerliche Familie gehörte zu einer Gemeinschaft, die wiederum der Lebensgrundlage diente, und daraus entstand eine entsprechende Kultur. Versorgungsgemeinschaften gab es noch in der Generation meiner Eltern, die nach dem Krieg aufgebaut haben und wo die Frauen noch zu Hause waren und sich um alle häuslichen und sämtlichen sozialen Belange kümmerten.

Die Basis und die Zielrichtung hat sich in der Gegenwart verändert. Heute sind Liebesbeziehungen Kooperationen auf dem Weg der beiderseitigen persönlichen Entwicklung. Die Individualität wird stärker fokussiert und es besteht kaum noch ein gesellschaftliches Gefälle zwischen Männern und Frauen – abgesehen von den übrig gebliebenen „Gleichstellungbaustellen“ der Geschlechterfrage. Früher waren wir es noch gewohnt, wenig bis gar nicht wesentlich zu „reden“ über innere Aspekte, Gefühle,

Philosophie usw. Heute wird fast alles zerredet oder geht in kommunikativen Schräglagen verloren, weil sich die unterschiedlichen Arten des Kommunizierens von Mann und Frau oftmals unversöhnlich gegenüberstehen. Man redet viel, aber man hört und versteht sich nicht – und dementsprechend nutzlos sind die Antworten. Man scheint sich alles zu sagen, zu beichten, zu offenbaren, aber man spricht in nicht kompatiblen „Sprachen". Deshalb ist es wichtig, den energetischen Weg der Vermittlung und Versöhnung ins Auge zu fassen – mit dem Ziel, Beziehungen nachhaltig zu heilen.

Das Heilungszeitfenster ist allerdings begrenzt: Körper, Seele und Bewusstsein müssen übereinstimmend akzeptieren, dass der Punkt erreicht ist, an dem Veränderung notwendig ist. Das Ego darf nicht im Widerstand sein. Erst wenn uns klar ist, dass wir genug gelitten haben, dass wir nicht mehr so weitermachen können wie bisher, können wir unser Herz für echte Heilung öffnen. Oder wenn wir begreifen, dass wir nicht mehr weiterkommen damit, uns auf das Äußere zu fokussieren und dabei unser Inneres zu vergessen, sickert die Erkenntnis ein, dass wir in einer Sackgasse gelandet sind. Wie es dazu überhaupt gekommen ist, ist eine weitere Fragestellung, die uns im Weiteren noch beschäftigen wird und sich hauptsächlich den existenziellen Traumata widmet. In meinen Heart-Evolution-Ausbildungsgruppen werden diese Traumata behandelt, denn darin liegen die meisten der Anliegen meiner Klienten begründet.

Es gibt vieles, was sich psychologisch erklären lässt, aber gleichzeitig gibt es die energetische Ebene – Karma, Licht und Seele –, auf die sich meine Arbeit vorrangig bezieht. Ich bin kein Therapeut, daher lade ich Sie ein, wenn Sie in einzelnen Punkten anderer Meinung sind, sich einfach darauf einzulassen und im Einzelnen direkt im eigenen Herzen und Körper zu prüfen und nachzuspüren, wie es sich anfühlt. Wenn Sie es schwierig finden, an Ihren Glaubenskonzepten vorbei einen Zugang zu energetischen Arbeitsweisen zu finden, testen Sie es aus. Energie wirkt übrigens im Körper, ob Sie daran glauben oder nicht. Es genügt, sich innerlich „neutral" zu halten, sich also wenigstens nicht zu verschließen. Beziehen Sie sich auf die Themen, zu denen Sie eine Resonanz[7] spüren, oder folgen Sie am besten Ihrer Intuition. Wie die Inspiration, die über ein Kunstwerk oder ein Musikstück in Ihnen wirkt, kann auch der Zugang zu Ihrer Innenwelt – ob Sie es nun Seele

---

[7] Das Mitschwingen eines Körpers in der Schwingung eines anderen Körpers oder die Gesamtheit der Reaktionen, die durch etwas hervorgerufen werden – (auch: Widerhall).

nennen oder nicht – möglich werden. In meinen Seminaren geschieht der Prozess natürlich live, das heißt, die Teilnehmer sind direkt mit ihren Themen verbunden, spüren die energetische Sachlage und vor allem auch Sachveränderung. Sie können die energetische Wirkung direkt innerlich nachvollziehen und bestenfalls Blockaden lösen, aber auch das Energiefeld[8] der Gruppe nutzen, das aufgrund des meditativen Settings aufgebaut und erhöht (konzentriert) wirksam ist.

Übung 1: Um ein erstes Gefühl für den energetischen Zugang zu bekommen, stellen Sie sich vor, dass Ihr Körper in Resonanz geht mit allem, was Sie umgibt – was Sie hören, sehen und erfahren. Nicht Ihre Gedanken oder Gefühle werden zuerst angesprochen, sondern Ihre physische, zelluläre Beschaffenheit. Ein gutes Körpergefühl erlangen Sie zum Beispiel durch Meditation oder Konzentration auf den Atem. Die so erzeugte Ruhe hilft Ihnen, sich selbst subtiler wahrzunehmen. Sie können bspw. vor der weiteren Lektüre ein paar Minuten mit geschlossenen Augen sitzen und sich entspannen, um den Alltag zu „verlassen" und innere Präsenz aufzubauen. Öffnen Sie bewusst Ihr Herz und lassen Sie sich berühren.

---

[8] Wissenschaftlich noch nicht erfassbares Feld, das alles umgibt und durchdringt sowie jede Form von Lebensenergie enthält, das heißt auch Energielenkung und Energiefluss umfasst.

Wenn Sie als Leser/Leserin beim Lesen des Buches allein sind, können Sie für einen ähnlichen Effekt sorgen, indem Sie einen Support herstellen, sich mit Austauschpartnern zusammentun, ein Sharing organisieren oder eine kleine Hausgruppe einladen, um gemeinsam an den Themen zu arbeiten, die Sie beschäftigen. Vielleicht besuchen Sie aber auch ein Heart-Evolution-Seminar und gehen die Themen ganz konkret an.

Was ist Bewusstsein?

Bewusstsein ist eine Art innere Instanz oder Präsenz, die die meisten Menschen im normalen Alltag nicht nutzen – genauer gesagt kennen die wenigsten überhaupt den Zustand der Präsenz. Nicht nur für das eigene gelingende Leben, mit Beruf und sonstigen Interessen, ist Bewusstsein immens wichtig, sondern erst recht für lebendige Beziehungen, die nicht nach unbewussten Schemen und übernommenen, traditionellen Modellen ablaufen sollen. Aber wie stellt sich Bewusstsein her? Wenn Sie sich diese Frage stellen – Sie sind ja nicht im Seminar, es gibt gerade keinen Coach oder Energetiker, der Ihnen unterstützend zur Seite steht, auch keine Gruppe –, ist die erste Antwort: Achtsamkeit und Reflexion. Achtsamkeit ist die Geistesgegenwart, in der Sie hellwach die gegenwärtige Verfasstheit Ihrer direkten Umwelt, Ihres Körpers und Ihres

Gemüts erfahren, ohne von Gedankenströmen, Erinnerungen, Fantasien oder starken Emotionen abgelenkt zu sein und ohne darüber nachzudenken oder diese Wahrnehmungen zu bewerten.[9]

Der Begriff, der Ihnen womöglich mehr Aufschluss gibt, ist Aufmerksamkeit. Im Kontakt mit anderen Menschen wünscht sich wohl jeder genügend Aufmerksamkeit – diese kann jedoch vor allem sich selbst gegeben werden. Im Alltag können Sie diese Selbst-Aufmerksamkeit bei jeder Gelegenheit praktizieren. Alles, was Sie dazu benötigen, ist eine permanente Erinnerung daran, dass Sie am Leben sind, dass Sie Körper sind, Gefühle sind, handelnde Person sind. Das Zauberwort heißt: Beobachten. Beobachten Sie sich selbst und vergessen Sie dabei nicht, vor allem sich selbst zu fühlen.

Was ist Seelenfrequenz?

Jede Seele hat eine ganz bestimmte, einzigartige Schwingung oder Frequenz – die also bei jedem Menschen individuell zum Ausdruck kommt in dem, was er denkt, fühlt und wie er handelt. Stellen Sie sich diese Frequenz vor als eine Art Modus, Tonart oder Grundstimmung. Der

[9] Siehe auch: Wikipedia/Mindfulness

Begriff erinnert auch an den sprachlichen Ausdruck, „auf gleicher Wellenlänge“ zu sein. Die Seelenfrequenz ist wie ein Motor, der mit einer fest definierten Taktung, Leistungsstärke und Funktionalität arbeitet. Sie zeigt sich beispielsweise in der Qualität, wie Sie sprechen – nicht nur laut oder leise, sondern auch besonnen oder hitzig, fördernd oder anklagend, selbstbewusst oder unsicher usw.

In einer Partnerschaft wird schnell deutlich, ob die beiden Seelenfrequenzen kompatibel sind: Worüber können zwei Menschen lachen oder weinen? Wie tief sind beide berührbar? Welche Motivation treibt sie an? Karmisch gesprochen: Warum (zu welchem Zweck oder mit welcher Ausrichtung/Aufgabe) sind diese beiden Seelen inkarniert? Welche Ziele verfolgen sie in ihrem Leben? Antworten auf diese Fragen finden sich leichter, wenn wir die Dynamiken und Prozesse anschauen, die sich durch unser Leben ziehen. Wie das Benzin im Auto dafür sorgt, dass es gemäß seiner Bauart fahren kann, wird auf der Seelenebene für exakt diese Aufgaben und Dynamiken Energie zur Verfügung gestellt. Am Beispiel des Autos hieße das: Ein Cabrio eignet sich für unbeschwerte Ausflüge, ein Familien-Van sorgt für mehr Komfort im Familienalltag oder ein Lastenfahrzeug hilft bei einem Bauvorhaben. Letzteres wäre aber zu schwerfällig und laut, wenn es um ein lauschiges Urlaubswochenende geht. Das Cabrio wäre viel zu beengt für die in die Ehe mitgebrachten drei Kinder.

Eine harmonische Partnerschaft funktioniert nicht im Gefälle der beiderseitigen Schwingungen, denn der jeweilige Spielraum ist begrenzt, das heißt, die Reichweite im Leben ist bei beiden festgelegt. Es ist eine der größten Illusionen in Beziehungen, dass der Partner/die Partnerin sich verändern wird, um sich anzupassen. Das erlebe ich in der Energie- und Beziehungsarbeit nur allzu häufig: die illusorische Hoffnung, sich den Partner/die Partnerin „zurechtbiegen“ zu können. Wenn genau das nicht gelingt, liegt das jedoch nicht etwa daran, dass der Andere „nicht will“ oder „sich weigert“, sondern daran, dass der Andere es aufgrund seiner definierten Seelenfrequenz gar nicht kann. Meist sind wir aber zu emotional oder zu verletzlich, um diesen Umstand zu akzeptieren und das Andere am Anderen zu respektieren – den wesentlichen Teil seiner oder ihrer Integrität. Es ist ein Irrtum, den Anderen für „falsch“ oder mindestens „änderungsbedürftig“ zu halten. Jenseits aller Emotionalität sollten Sie also nüchtern immer die Frage nach der seelischen Kompatibilität stellen.

Was ist Ego?

Das Ego wird oftmals sehr mystifiziert, daher brauchen Sie hier etwas mehr Klarheit: Das Ego ist mentale Größe oder ein Verstandesaspekt, der sich dadurch auszeichnet, befangen zu sein, schwer zu wirken. Dem Ego zu folgen, macht Sie nicht frei, denn Sie bleiben gebunden an den Willen und archaische instinktive Reflexe. Das Ego zeigt im Herzen, also emotional, die fühlbarste Wirkung, denn es unterdrückt seelische Impulse und beharrt auf mentaler Durchsetzungskraft. Als reiner Gedanke ist das Ego meist nicht leicht zu identifizieren, aber es zeigt sich deutlich in der Einflussnahme auf Ihr Seelenpotenzial, welches untergeordnet und vernachlässigt wird, solange das Ego „spricht" – also bestimmt, wo es langgeht. Widerstand ist beispielsweise eine Kraft, die auf unangenehme Weise gefühlt wird, dahinter steckt oftmals das Ego. Dabei geht es allerdings nicht um Absicht oder Moral, das Ego ist also nicht gleich Teufel oder Sünde, sondern eine mentale Hürde, die Ihrer seelischen Entfaltung im Wege steht.

Wer bin ich selbst

Das Hauptanliegen der Seele ist immer Liebe. Die Seele will immer lieben, denn das ist ihre höchste Natur. Was passiert aber, wenn sie das nicht kann? Wenn Prägungen in der Kindheit genau das verhindern, wenn gar Gewalterfahrungen den natürlichen Liebesfluss jäh unterbrechen und später im Erwachsenenalter jede harmonische Beziehung blockieren? Seelische Belastungen spiegeln sich fast immer im partnerschaftlichen Erleben selbst, können aber auch darin erkannt werden, dass der Mensch kompensiert, sich beispielsweise in ein Suchtverhalten verstrickt, zum Workaholic wird, oder somatisiert, also körperlich auf diesen Mangel antwortet, in Form von Allergien, Migräne.

Um in Liebesdingen glücklich zu werden, ist also ein Blick auf die eigene seelische und persönliche Disposition nötig. Zuerst geht es ja um die eigene Ausstattung, mit der wir in einem Beziehungsgeschehen aufgestellt sind. Es lohnt sich deshalb, bei sich selbst zu beginnen, wenn es um die Frage geht: Was braucht Liebe, um zu gelingen?

Selbstliebe und Körpergefühl

Ob Sie derzeit Single sind, in Trennung leben oder in einer festen Partnerschaft bzw. Ehe leben – zuerst geht es immer um Sie als Person, wenn Sie Ihre Beziehungsfähigkeit entwickeln wollen oder sich einen Partner/eine Partnerin wünschen. Die Fragen, die Sie sich stellen sollten, betreffen also in erster Linie Ihre Beziehung zu sich selbst. Wie schätzen Sie beispielsweise Ihren Bezug zum eigenen Körper ein? Mögen Sie sich, so wie Sie sind? Bevor Sie darauf eine Antwort finden, denken Sie daran, dass Ihr Körper längst nicht nur unter Attraktivitäts-Aspekten anzuschauen ist. Im Gegenteil, viel wichtiger ist, ob Sie sich in Ihrem Körper wohlfühlen, ob Sie Freude an ihm haben und welche Ausstrahlung von ihm ausgeht. Wenn Sie mit Ihrem Körper auf Kriegsfuß stehen, bleibt Ihnen auch der entspannte Kontakt zu einem Partner/einer Partnerin verschlossen, weil der – meist unbewusste – Konflikt mit dem eigenen Körper blockierend zwischen beiden steht.

Mit Ihrem Körpergefühl ist Ihr ganzes Lebensgefühl verbunden, auch wenn Sie möglicherweise im Alltag nicht sehr häufig eine bewusste Körperwahrnehmung haben. Damit stehen Sie auch nicht allein, denn in der heutigen Zeit wird allgemein wenig auf den Körper geachtet, vielmehr funktioniert er nur, während im Vordergrund die mentale Leistung steht. Nicht nur im Beruf, auch im Haushalt, bei der Erziehung und der Freizeitgestaltung sind wir meistens „im Kopf", jedenfalls solange wir nicht einem Sport nachgehen oder Yoga machen. In jedem Heart-Evolution-Seminar steht deshalb folgende kleine Selbst-Übung ganz am Anfang, damit die Teilnehmer die Gelegenheit haben, bei sich selbst anzukommen und die mentale Unruhe im Kopf herunterzufahren.

Als Nächstes soll Sie die Frage beschäftigen, ob und wie sehr Sie in der Lage sind, sich selbst zu lieben. Für viele Menschen ist diese Frage nicht leicht zu beantworten. Entweder sie haben Vorbehalte, weil sie den Begriff Selbstliebe fälschlicherweise mit Egoismus gleichsetzen, oder aber es wird ihnen schmerzlich bewusst, dass es ihnen an Selbstliebe mangelt.

Doch nichts bildet so nachhaltig eine gute und stabile Grundlage für eine erfüllende Partnerschaft und Familie wie eine gesunde Selbstliebe.

Liebe in all ihren Formen ist eine starke Energie, die besonders im Brustraum wirkt. Ich hatte einmal eine Seminarteilnehmerin, die bei einer Übung spontan seitlich vom

Stuhl kippte, als sie ihre Hand auf das Herzchakra[10] legte und laut aussprach: „Ich liebe mich!“ Der liebevolle Selbst-Kontakt war für sie eine heftige neue Erfahrung, die sie wie einen Stromstoß erlebte, vor allem deshalb, weil ihr innerer Widerstand sehr ausgeprägt war.

Übung 2: Nehmen Sie sich einen Moment Zeit, um Ihr Körpergefühl zu ermitteln. Können Sie sich gut spüren? Sind Sie entspannt und gelassen, oder bemerken Sie vielleicht Verkrampfungen im Oberbauch, Anspannungen im Rücken und Nacken? Schließen Sie einen Augenblick lang die Augen und spüren Sie von Kopf bis Fuß in Ihren Körper hinein. Atmen Sie ruhig und tief ein und aus und wandern Sie mit Ihrer Aufmerksamkeit langsam durch die einzelnen Bereiche. Nehmen Sie angenehme und womöglich auch unangenehme Gefühle einfach wahr, ohne darüber weiter nachzudenken. Wenn Sie mögen, können Sie die verschiedenen Eindrücke anschließend notieren.

Die Selbst-Beziehung ist ein existenzieller Aspekt des Lebens. Fehlt ihr die Kraft der Liebe und des Selbst-angenommen-Seins, kann sich die entsprechende Person auch nicht umfänglich auf den Partner/die Partnerin beziehen.

---

[10] Chakren sind subtile Energiezentren zwischen dem physischen Körper und dem feinstofflichen Körper des Menschen. Das Herzchakra befindet sich auf Brusthöhe und ist mit den Aspekten der universalen Liebe – der Herkunft der Seele – verbunden.

Das legt unter anderem die Erklärung nahe, dass selbst solche Beziehungen nicht gelingen, die von den sonstigen Voraussetzungen her geeignet wären, weil unbewusste Widerstände gegen sich selbst blockierend wirken. Um das vorhandene Maß der Selbstliebe in sich zu erforschen, können Sie Kontakt zu Ihrem Herz aufnehmen. Das mag etwas seltsam klingen, doch das Herz als Organ, aber auch als Ort des seelischen und emotionalen Empfindens, ist für jeden Menschen von zentraler Bedeutung. Natürlich gilt letztere Zuordnung im übertragenen Sinn, denn die Seele hat im Körper keine feste Lokalität, doch die Konzentration auf den Brustraum hilft Ihnen, sich innerlich mit Ihrer Seelenfrequenz zu verbinden.

Die folgende Grundübung wird Ihnen im weiteren Verlauf noch häufiger begegnen, denn sie bildet die Basis-Einstimmung für speziellere Bereiche und Fragestellungen Ihrer Selbsterforschung. Vielleicht legen Sie ein Lesezeichen in diese Seite, um die Anleitung dann schneller zur Hand zu haben.

Übung 3 (Grundübung): Nehmen Sie sich einen Moment Zeit und nehmen Sie eine bequeme Stellung ein. Schließen Sie die Augen und ermitteln Sie zuerst Ihr Körpergefühl, bis Sie sich gut spüren können. Atmen Sie langsam ein und aus, bis sich Ihre Gedanken und Gefühle beruhigt haben. Legen Sie nun eine oder beide Hände sanft und flach auf die Brust und nehmen Sie liebevoll Kontakt mit Ihrem Herz auf.

Spüren Sie, was Sie innerlich berührt. Achten Sie darauf, dass sich Körperempfindungen, Gefühle und Gedanken unterscheiden können. Was immer Sie also über sich denken, Ihr Herz oder auch Ihr Körper kann etwas ganz anderes sagen. Nehmen Sie Ihre Gefühle ernst, auch dann, wenn diese unangenehm sein sollten oder Ihnen sogar Angst machen. Aufsteigende Tränen sind nicht ungewöhnlich, und es wird Ihnen guttun, sie nicht zu unterdrücken.

Die eigene Beziehungsfähigkeit prüfen

Der Bezug zum eigenen Körper und Herz führt Sie schließlich ganz direkt zu weiteren zentralen Fragen, deren Beantwortung zur Klärung Ihrer Beziehungsfähigkeit beiträgt: Können Sie sich selbst so annehmen, wie Sie sind – mit all Ihrem Potenzial und auch all Ihren Defiziten? Sind Sie zum Beispiel in der Lage, unabhängig zu leben und auch mit sich selbst glücklich zu sein? Oder fühlen Sie sich darauf angewiesen, dass jemand da ist, der Ihre Unsicherheit zerstreut und Ihre Einsamkeit vertreibt? Zugegeben, letztlich gehört – zumindest in der Vorstellung der meisten Menschen – eine liebevolle Zweisamkeit zum glücklichen Leben dazu. Doch, wer grundsätzlich nicht allein sein kann, wird in einer Liebesbeziehung eher abhängig sein und den Partner/die Partnerin unfrei machen. Wenn Sie mit dem Alleinsein ein massives Problem haben, depressiv oder ängstlich sind, ist es vielleicht jetzt nicht der nächste Schritt, sich zügig in eine nächste Partnerschaft zu stürzen, sondern sich der Tatsache zu stellen, dass Ihnen in sich selbst etwas Wesentliches fehlt – sehr wahrscheinlich ausreichend Selbstliebe.

Ich erlebte einmal eine Kursteilnehmerin, die so abhängig von der Gegenwart anderer Menschen war, dass sie ihr Umfeld ständig damit überforderte. Die Konflikte, die daraus entstanden, führten zu diversen Krankheiten, beispielsweise Herzbeschwerden und gestörten Organfunktionen. Mit Biegen und Brechen Gesellschaft suchen zu müssen, war vor allem für die Frau selbst eine große Belastung, denn sie schwebte stets in der Angst, am Ende doch allein gelassen zu werden. Wie sich später in der energetischen Analyse herausstellte, hatte sie als Kind darunter gelitten, dass ihre Mutter oft abwesend war. Es ging für sie also um etwas Existenzielles. Sie lebte grundsätzlich in der daraus für sie resultierenden unbewussten Überzeugung: *Wenn Mutti mich nicht liebt, kann mich auch kein anderer lieben!* Erst im Rahmen des tieferen Austauschs und der energetischen Arbeit in der Kursgruppe erkannte sie, wie fatal sich dieser Glaubenssatz in ihren bisherigen Liebesbeziehungen ausgewirkt hatte. Ihre Partner waren regelrecht erdrückt gewesen von der permanenten „Anwesenheitspflicht" und früher oder später aus der Beziehung „geflohen".

Die Grundüberlegung vieler Menschen – Männer wie Frauen – ist offensichtlich falsch: *Jetzt habe ich endlich einen Partner/eine Partnerin, also muss ich ihn/sie unter allen Umständen festhalten!* Wie bei allem vorher Gesagten gilt es eher, sich genau andersherum zu orientieren. Schauen Sie zuerst auf sich selbst und schenken Sie sich selbst genügend Beachtung. Im prozessualen Geschehen permanenter Selbstaufmerksamkeit fließt Ihnen automatisch Energie zu und Ihre Selbstliebe wird gestärkt. Sie werden im Alltag eigenständiger und kümmern sich mehr selbst um Ihre eigenen Wünsche, anstatt zu viele Erwartungen an Ihren Partner/Ihre Partnerin zu stellen.

Unabhängigkeit ist tatsächlich erlernbar, und zwar in jedem Alter, wie das Beispiel eines Mannes zeigt, der mit 60 Jahren seine letzte Partnerin kennenlernte und sich zum dritten Mal in eine Beziehungsdynamik verstrickte, die er nicht durchschaute. Nachdem er zunächst in seiner ersten Ehe emotional „verhungert“ war und dann unter der Untreue seiner zweiten Ehefrau gelitten hatte, war er nun mit einer Frau zusammen, die ein verstecktes Alkoholproblem hatte. Zehn Jahre später trennte er sich von ihr, und zum ersten Mal in seinem Leben war er wirklich allein. Erst jetzt konnte er erkennen, dass die schmerzhaften Erfahrungen aus seiner Kindheit in den Kriegs- und Nachkriegsjahren sowie ein zwiespältiges Verhältnis zur Mutter sein ganzes Leben bestimmt hatten, vor allem seine Beziehungen zu Frauen. In dieser späten Phase – mit Mitte siebzig – baute er sich zum ersten Mal ein ganz eigenes Leben auf, zog in eine schöne Wohnung, knüpfte viele wertvolle Kontakte, übernahm ein Ehrenamt und machte mit Freunden Ausflüge und Urlaube. Er sagte einmal zu mir: *Erst jetzt ist mein Herz heil geworden. Erst jetzt bin ich innerlich wirklich friedlich. Ich genieße mein Leben.*

Betrachten Sie im nächsten Schritt auch Ihre gesamtheitliche Lebensstruktur: Nehmen Sie die bisher genannten

Übungen zur Grundlage für weitere Erkenntnisprozesse. Stellen Sie sich die Frage, nach welcher Strategie und Ausrichtung Sie Ihr Leben gestalten. Sind Sie ehrgeizig? Setzen Sie sich über Ihre verletzlichen Gefühle gerne hinweg oder verbergen Sie diese geschickt vor anderen? Gehen Sie dabei nicht gedanklich vor, als würden Sie Kreuze in einen Fragenkatalog setzen, sondern lassen Sie sich darauf ein, eine energetische, fühlende Analyse zu wagen. Spüren Sie behutsam in sich hinein und erkunden Sie Ihre Sehnsüchte und Wünsche, aber auch Ihre Enttäuschungen oder Frustrationen. Lehnen Sie nicht ab, was Ihnen unangenehm erscheint, sondern akzeptieren Sie das, was tatsächlich in Ihnen berührt wird. Sobald Sie mit einer Sache in Resonanz gehen, hat sie etwas mit Ihnen zu tun, ob sie nun Freude auslöst oder Angst.

Selbsterkenntnis beginnt einerseits mit der Wahrnehmung nach innen und andererseits damit, ehrlich anzunehmen, was wahrgenommen wird. Widerstand dagegen aufzubauen kostet wertvolle Kraft, die gebraucht wird, um sich ausreichend um sich selbst zu kümmern.

Das Beste, was Sie für sich selbst tun können, ist, sich für Ihre wahren Bedürfnisse zu öffnen und vorbehaltlos Ja zu sagen zu Ihrem eigenen Leben. Das ist natürlich nicht so leicht getan wie gesagt. In meinen Seminaren nehme ich mir zusammen mit der Teilnehmergruppe viel Zeit, um mit den auftauchenden Informationen und Blockaden der Einzelnen energetisch zu arbeiten.

Im Ergebnis gehen die Menschen stärker und selbstbewusster hervor. Ich erinnere mich daran, dass eine Teilnehmerin, die große Schwierigkeiten hatte, Männer für sich zu interessieren, innerhalb einer Kursreihe viele Konflikte in sich lösen konnte. Sie schrieb mir kurze Zeit später, sie sei auf dem direkten Nach-Hause-Weg nach dem Kurs an einer Tankstelle spontan von einem attraktiven Mann mit einer Einladung angesprochen worden.

Ihre Ausstrahlung hatte sich offensichtlich so positiv verändert, dass sofort eine Wirkung nach außen eingetreten war. Eine andere Frau, die sich für ein Seminar angemeldet hatte, war mit der Einstellung gekommen, nie wieder eine Beziehung führen zu wollen. Warum sie dennoch zu einem Partnerschaftskurs kam, blieb zunächst unklar, und sie vertiefte sich lediglich in die Selbstprozesse, die viele Aha-Effekte für sie bereithielten. Sie lernte unmittelbar im Anschluss daran ihren Traummann kennen, mit dem sie heute seit eineinhalb Jahren glücklich zusammenlebt.

Übung 4: Nehmen Sie sich einen Moment Zeit, um Ihr Körpergefühl zu ermitteln und eine liebevolle Verbindung zu Ihrem Herz aufzubauen. Können Sie sich gut spüren? Sind Sie entspannt und heiter gelassen, oder bemerken Sie vielleicht Verkrampfungen, Anspannungen, Traurigkeit oder gar Angst? Schließen Sie einen Augenblick lang die Augen und lauschen Sie in sich hinein: Welches Grundgefühl nehmen Sie wahr, wenn Sie sich auf Ihre jetzige oder auch früheren Beziehungen konzentrieren? Und woran erinnert Sie dieses Grundgefühl, wenn Sie sich jetzt auf Ihre Herkunftsfamilie fokussieren? Nehmen Sie die angenehmen und womöglich auch unangenehmen Eindrücke einfach wahr, ohne sie zu bewerten. Wenn Sie mögen, können Sie Einsichten, die Ihnen wichtig erscheinen, anschließend notieren.

Den prozessualen Teil der Selbstanalyse kann dieses Buch nicht leisten, doch es soll Ihnen zu einem besseren Verständnis verhelfen und eine Basis schaffen für die entsprechenden Schritte, die Sie selbst unternehmen können, um Ihre inneren Themen des Herzens zu erkennen und sich in geeigneter Weise damit auseinanderzusetzen. Vieles können Sie selbst bearbeiten, indem Sie sich Ihrer Innenwelt zuwenden und Ihre Selbstwahrnehmung üben. Vielleicht möchten Sie dabei mehr Unterstützung haben und verabreden sich mit anderen Menschen, um das Buch gemeinsam zu lesen und sich darüber auszutauschen. Oder aber Sie entschließen sich, selbst einmal ein Partnerschaftsseminar zu besuchen.

In meinem Arbeitsbereich berührt mich das Thema Beziehungen am meisten – wohl deshalb, weil es für uns alle so elementar wichtig ist im Leben. Nichts macht uns so unglücklich wie eine misslungene Liebe, und nichts lässt uns so happy sein wie eine erfüllende Beziehung. Im Seminar, vor Ort und live, lässt sich am einzelnen Menschen eine energetisch aufgespürte und vom Teilnehmer selbst gefühlte Problematik sofort behandeln. Das ist nichts abstrakt Theoretisches, sondern eine ganz praktische und vor allem oft sehr nachhaltige Veränderung der Situation, die sich unter Umständen natürlich auch danach im Leben des Betroffenen weiterentwickeln muss und die auch weiter gepflegt, unterstützt und stabilisiert werden sollte, um eine Integration der neuen „gesünderen" Qualität zu ermöglichen. Die Erhöhung der Feldenergie in einer Gruppe trägt hier nicht unwesentlich dazu bei, transformierende Prozesse zu fördern.

Konkret im Ablauf stellt sich das in etwa so dar: Bei einem Teilnehmer/einer Teilnehmerin kommt in der energetischen Analyse ein bestimmtes Thema an die

Oberfläche, bspw. ein alter Groll, der mit den Eltern oder Großeltern zu tun hat und nun auf den/die aktuelle/n Lebenspartner/Lebenspartnerin projiziert wird. In meiner Position als Kursleiter spüre ich die Energie des Themas auf, ich bin sozusagen der Spiegel, in dem der betreffende Mensch sich selbst und sein Thema „sehen" (fühlen) kann. Auf der Basis einer gemeinsamen Grundmeditation stimmt sich die Gruppe darauf ein und bildet eine Art Energiecontainer, der die Person unterstützt und das Thema fokussiert. Die gemeinsame Einstimmung bereitet den Raum so vor, dass Heilenergie frei fließen und wirksam werden kann. Die einzige Voraussetzung ist, dass die Person ihr Herz dafür öffnet und sich dem Thema achtsam widmet. Eventuell helfen auch Rückmeldungen aus der Gruppe, das Thema tiefer zu durchdringen und zu verstehen. In diesem Prozess lösen sich nicht selten schwere Blockierungen auf oder schmerzliche Verstrickungen werden geklärt. Für den betreffenden Menschen ist es hierbei äußerst heilsam, dass seine innere Reise von den Menschen um ihn herum bezeugt wird. Allein dieser letzte Aspekt sollte nicht unterschätzt werden, denn eines der häufigsten Probleme in Beziehungen – egal welcher Art – ist das Nicht-gesehen-Werden und damit das Erleben tiefer Einsamkeit.

Die übergeordneten Fragestellungen – wie beispielsweise nach Schuldgefühlen, Ängsten oder Glaubensmustern – haben in der Regel für jeden Teilnehmer/jede Teilnehmerin mehr oder weniger Relevanz. Es kommt darauf an, die zugrundeliegenden Informationen im Körpersystem, also in den Zellen und im Mentalspeicher aufzuspüren. Was ich häufig antreffe, sind unbewusste Überzeugungen, deren Inhalte sich meist schon in der Kindheit verfestigt haben und die nun im Erwachsenenleben weiter soufflieren, ohne dass man es bemerkt. Solche Inhalte könnten sein: *Ich darf nicht lieben. Ich bin nicht gut genug. Das schaffe ich nie! Niemand mag mich, versteht mich, glaubt an mich usw.* Negative Glaubenssätze sind äußerst wirksam, denn sie verhindern regelrecht, dass unsere zutiefst natürlichen Wünsche in Erfüllung gehen. Sie wirken in uns wie selbstständige Programme, deren Inhalte sich dann auch im Leben manifestieren. Wer insgeheim glaubt, nicht liebenswert zu sein, wird sich auch nicht geliebt fühlen, und zwar selbst dann nicht, wenn ein liebevoller Partner da ist. Ich habe schon Menschen erlebt, deren Partner daran schier verzweifelt waren, dass ihre Liebe nicht angenommen werden konnte.

Konfliktreiche Erfahrungen in der Kindheit oder das Erleben emotionaler Vernachlässigung bilden sich zunächst im seelischen Bereich des Kindes ab und werden dann als Negativmuster mental abgespeichert. Die am Beginn des Lebens noch lichtvolle Energie des Kindes wird sozusagen „dunkel"/sinkt ab. Daher nutzt es auch nichts, solche Überzeugungen nur als formulierte Sätze zu begreifen, die man einfach umdrehen und in positive Varianten kehren kann. Affirmationen[11] sind nur dann nachhaltig wirksam, wenn auch die Energie entsprechend aufgehellt/angehoben wird. Positives Denken[12] allein genügt also nicht. Das blockierende Programm steckt in den Zellen und kann nur dort „gelöscht" werden. Jede Neuformulierung kann erst nach einem Reset installiert werden.

Als Kinder sind wir hilflos, aber im Erwachsenenalter können wir unser Leben selbst aktiv und positiv beeinflussen.

Wir können uns absichtlich und motiviert für eine Veränderung öffnen, uns für uns selbst entscheiden. In der energetischen Arbeit können wir Wiederholungsmuster in unserem Denken (zugleich auch Fühlen) und Verhalten,

---

[11] Mentale Ereignisse, bspw. Sprechakte des Bejahens oder positiver Behauptungen.

[12] Mentale Methode oder Motivationstraining mit dem Ziel, durch konstante positive Beeinflussung des bewussten Denkens eine dauerhaft konstruktive und optimistische Grundhaltung zu erreichen.

Projektionen und Blockaden erkennen, spüren und „lokalisieren“.

Übung 5: Nehmen Sie sich einen Moment Zeit, um Ihr Körpergefühl zu ermitteln und eine liebevolle Verbindung zu Ihrem Herz aufzubauen. Können Sie sich gut spüren? Sind Sie entspannt oder unruhig? Schließen Sie einen Augenblick lang die Augen und legen Sie eine Hand flach auf den Brustraum. Atmen Sie tief ein und aus, bis Sie sich gut zentriert fühlen. Lauschen Sie nun in sich hinein: Welche Glaubenssätze und inneren Überzeugungen tauchen in Ihnen auf, wenn Sie die Frage stellen: *Was denke ich über mich selbst?* Versuchen Sie, sich zu erinnern, welche Personen aus Ihrer Kindheit so über Sie oder zu Ihnen gesprochen haben. Nehmen Sie die positiven wie negativen Aussagen einfach wahr, ohne sie zu bewerten. Lassen Sie tiefe Gefühle zu und vertrauen Sie darauf, dass nur Sie selbst die Wahrheitsformel kennen: *Ich bin absolut liebenswert und stark!*

Es ist der bessere Weg, die Konflikte in Beziehungen aufgrund dieser Aspekte zu erklären und zu verstehen, als anderen Schuld zuzuweisen oder sogar sich selbst für unfähig zu halten. Gerade die oftmals unbewusst gewählte Opferhaltung und nach außen gekehrten Erwartungen führen nicht aus Konflikten hinaus, sondern verstärken diese.

Negatives Karma abstreifen

Besonders bei karmisch belasteten Beziehungen kann das Bereinigen der energetischen Ebene sehr tief wirken, das erlebe ich immer wieder in der Arbeit mit dem Heart-Evolution-Prinzip. Wenn eine durch Karma[13] bedingte zwischenmenschliche Anziehung (oder auch Aversion) besteht, spielen meist Erfahrungen aus vergangenen Leben bzw. Inkarnationen eine Rolle. Die Erfahrungsenergie wird reaktiviert und wirkt in diesem Leben konkret weiter, denn sie ist noch vorhanden, weil sie aus irgendwelchen Gründen nicht abgeschlossen oder unerlöst geblieben ist. Sie erkennen karmische Energien oft nicht sofort, und es braucht eine geübte Wahrnehmung, um sie von normalen Psycho-Dynamiken – die ausschließlich in diesem Leben entstehen – zu unterscheiden.

Ich selbst habe schon einige karmische Begegnungen mit Menschen erlebt, nicht nur in Liebesbeziehungen.

---

[13] Karma ist eine unerlöste bzw. ungelebte oder konfliktgeladene Erfahrungsenergie aus vergangenen Leben unserer Seele, die in uns eine Resonanz erzeugt – beispielsweise an bestimmten Orten, in der Begegnung mit bestimmten Menschen, aber auch bei einer Musik, sinnlichen Eindrücken usw. Im Unterschied zu psychischen Phänomenen, wie etwa Déjà-vus oder Träume, erleben wir die karmisch verknüpfte Situation real physisch – in diesem Leben erstmalig, aber wiederholt aus vergangenen Leben.

Beispielsweise traf ich einmal auf einen unbekannten Mann, der sich ohne faktische Gründe spontan von mir angegriffen, bedroht und abgestoßen fühlte. In einem offenen Gespräch konnten wir über unsere inneren Bilder voneinander wahrnehmen, dass wir uns bereits „kannten" – als Rivalen aus früheren Leben. Wir konnten den energetisch noch aktiven Konflikt jedoch klären und so das bestehende Karma lösen. Der Mann hatte bis zu diesem Zeitpunkt noch nie etwas von Karma gehört, das erklärt auch, dass man an Karma nicht glauben muss, um es zu erleben.

Karmisch bedingte Reaktionen sind oft nicht faktisch oder rational erklärbar, vielmehr treffen sie auf „blinde Bereiche" in uns, die uns nicht bewusst sind. Die entsprechenden Begegnungen sind also nicht nur konfrontativ, sondern auch eine Chance, sich diese Bereiche bewusstzumachen und so einen bisher unbekannten Teil unserer Seele tiefer zu begreifen. Wir erhalten die Gelegenheit, in dieser Begegnung (oder an dem Ort usw.) diesen Teil zu entfalten und frei werden zu lassen. Die Ausrichtung jeder karmischen Energie ist ihre Erlösung und Heilung, insofern haben karmische Begegnungen immer einen Sinn. Das heißt aber nicht zwingend, dass solche Begegnungen auch zu einer Beziehung führen müssen.

Der Prozess der Partnerwahl ist also aus karmischer Sicht manchmal nicht zufällig. Die damit in Zusammenhang stehenden Themen sind dann allerdings meist sehr anspruchsvoll und bei weitem nicht immer leicht. Es kann um die Klärung von Gewalt oder Missbrauch gehen, aber auch um eine Chance, etwas Bestimmtes zu erleben, das sich in der früheren Inkarnation nicht verwirklichen konnte. Oftmals wird durch eine Erlösung, Realisierung oder auch Befriedung karmischer Energien das ganze Körper-Seele-System in eine neue Richtung gelenkt, weil ein neuer Grad an Freiheit erreicht ist. Diese Veränderung ist für die Betreffenden als Erleichterung spürbar, und sie haben mehr Zugriff auf Potenziale, die vorher blockiert waren.

In Beziehungen zeigen sich karmische Verquickungen unter anderem in Unterschieden der Wahrnehmung der Partner. Das kann so massiv sein, dass der Eindruck entsteht, man spreche nicht dieselbe Sprache. Daraus ergeben sich dann oftmals widerstreitende Positionen, die unvereinbar scheinen. Doch Karma ist keine Ausrede für Nichtstun oder Opferspiele. Karma, das heißt für mich: Energien aus vergangenen Leben sind tatsächlich hier und jetzt wirksam. Deshalb ist es angebracht, die jeweilige karmische Voraussetzung zu akzeptieren und zu berücksichtigen. Wenn Sie selbst Ihre karmischen „Altlasten“ anerkennen, können Sie verhindern, dass weiteres Leiden noch hinzukommt. Sie haben die Wahl und die Freiheit, sich neu zu orientieren, an der Bewältigung Ihres Karmas zu wachsen, Ihr Herz zu heilen und so mit Kraftgewinn Ihren Lebens- und Beziehungsweg weiterzugehen. Karma ist auch kein Gefängnis, und nicht jede Problemstellung ist karmisch begründet. Sie sollten lernen, beispielsweise faktische Abhängigkeitsmuster, die psychisch bedingt sind und aus Ihrem Kindheitserleben abzuleiten sind, von Karma zu unterscheiden. Karmisch belastete oder blockierte Verbindungen sind manchmal für dieses Leben nicht gedacht. Wie reagieren Sie dann? Erzwingen Sie die Beziehung? Wenn ja, um welchen Preis? Wenn Sie sich jetzt fragen, ob es einen Indikator gibt, der Ihnen Orientierung geben kann, stellen Sie die Frage etwa so: *Tut mir diese Beziehung gut? Oder verstrickt mich die Beziehung noch mehr ins Unglück?*

Karmisch belastete Beziehungen fühlen sich meist an wie eine „heiße Sache“, die auch auf erotisch wirksamer Anziehung beruht. Daher halten viele genau das für ein „Zeichen“ und fallen buchstäblich übereinander her. Aber schon bald wird klar, dass die Verwicklungen von Anfang an da waren und sich durch das erneute Zusammensein in diesem Leben weiter fortsetzen, statt sich zu klären. Zugegeben, es braucht sehr viel Übung und auch Erfahrung, um diese Unterscheidungen zu treffen, doch es lohnt sich! Entscheiden Sie selbst, was Sie aus der Situation machen wollen. Ist es Zeit für eine Trennung und Neuausrichtung? Oder lohnt es sich, die verfahrenen psychologischen Beziehungsmuster, Konflikt-Dynamiken und Wiederholungsspiralen zu unterbrechen? Sind die Entwicklungspotenziale der Verbindung nicht wirklich genutzt oder ausgeschöpft worden, wird sich die Dynamik wiederholen, denn sie ist mit einer Trennung nicht gelöst. Das Problem wird in einer nächsten Partnerschaft dasselbe sein, nur der Vorname ist ein anderer. Wer beispielsweise Probleme mit Eifersucht hat – ob berechtigt oder nicht –, wird früher oder später auch in der neuen Partnerschaft mit Vertrauensmangel zu kämpfen haben.

Ich habe schon viele Geschichten gehört, die davon handeln, dass karmische Verquickungen dem heiß ersehnten Liebesglück einen Strich durch die Rechnung machten. Es gab zum Beispiel zwei Menschen, die man hätte als Traumpaar bezeichnen können, die miteinander viel teilen konnten, eine starke Anziehung spürten, nächtelang redeten und tiefes gegenseitiges Verständnis beieinander fanden. Doch irgendwo in ihrem Herzen gab es widerstreitende Stimmen, eine gewisse ausdauernde Skepsis und Ambivalenz. Schließlich siegten diese „Einspielungen“ aus früheren Leben und die angestrebte Paarbeziehung kam nicht zustande. Die guten und vorteilhaften Voraussetzungen in diesem Leben genügten nicht, die karmische Altlast zu beseitigen. An dieser Stelle möchte ich betonen, dass es bei der energetischen Analyse eher nebensächlich ist, sich mit den speziellen Geschehnissen der früheren Leben auseinanderzusetzen. Sie müssen sich nicht zwingend einer Rückführung[14] oder Hypnose unterziehen, um sich die Einzelheiten einer früheren Begegnung „filmisch“ vorzuführen. Es genügt, allein das faktische Vorhandensein einer Altbelastung in einer Verbindung zu einem anderen Menschen zu erspüren, um einen Entscheidungsprozess anzustoßen. Fragen Sie einfach Ihr Herz, und es wird Ihnen sagen, ob diese Verbindung für Sie das Richtige ist oder nicht.

Wir leben in einer religiös geprägten Kultur seit Jahrtausenden. Ob wir nun heute noch an Gott glauben oder nicht, ändert kaum etwas daran, dass wir die Vorstellung von Sünde und Strafe auf der einen Seite und die Hoffnung auf Erlösung immer noch tief verinnerlicht haben.

---

[14] Erinnern/Erfahren früherer Leben in einer begleiteten Trance-Sitzung.

Nur ist uns das meist nicht bewusst, erst ein prüfender Blick auf unsere Lebensstrategien legt nahe, dass wir diesem Konzept folgen. Beispielsweise schauen wir oft auf das, was Menschen sagen oder tun, und verbinden das innerlich mit der Frage nach den Absichten. Wir loten andere – ohne es bewusst zu wollen – aus und wollen herausfinden, ob wir es mit einem Kain oder mit einem Abel zu tun haben. Das kollektive Bewusstsein teilt immer ein in Gut und Böse, davon können sich selbst Atheisten nicht freimachen. Doch viel mehr als auf eine moralische Skepsis kommt es darauf an, andere Menschen in ihrer Ganzheit zu erkennen und zu verstehen. Dazu gehört auch, Mitgefühl aufzubringen.

Übung 6: Nehmen Sie sich einen Moment Zeit, um Ihr Körpergefühl zu ermitteln und eine liebevolle Verbindung zu Ihrem Herz aufzubauen. Können Sie sich gut spüren? Sind Sie entspannt oder unruhig? Schließen Sie einen Augenblick lang die Augen und legen Sie eine Hand flach auf den Brustraum. Atmen Sie tief ein und aus, bis Sie sich gut zentriert fühlen. Versuchen Sie, sich zu erinnern, welche Personen in Ihrem bisherigen Leben Sie auf unerklärliche Weise irritiert haben. Gab es irrationale oder „magisch" erscheinende Zusammentreffen? Notieren Sie anschließend, was Sie erlebt haben.

Ein anderer Effekt der religiösen Prägung besteht darin, dass wir eine Sehnsucht in uns tragen, das „verlorene Paradies“ wiederherzustellen. Doch wenn wir immer nur vom Paradies träumen, verkennen wir vielleicht die menschliche Unvollkommenheit, der wir alle unterliegen.

Vor diesem Hintergrund wird Karma oft auch falsch verstanden, nämlich als eine Art „Strafe“.

Sollten Sie dazu tendieren, eher Angst vor Karma zu haben, könnten Sie einmal die Perspektive wechseln: Die Erfahrungen aus früheren Leben können für Sie eine Hilfe zur Selbsterkenntnis sein. Wenn Sie einen energetischen Zugang dazu finden, wirken die karmischen Informationen nämlich navigierend im Leben. Karma sagt: *Da geht's lang, und zwar aktiv und mit offenem Herzen!*

Überholte Rollenbilder erneuern

Obwohl die Gesetzeslagen demokratischer Gesellschaften den Frauen heute eine Gleichwertigkeit sichern, können diese oftmals die wahre Bedeutung ihrer Gleichstellung den Männern gegenüber gar nicht umfänglich empfinden. In ihnen wirkt die Prägung des untergeordneten Frauenbildes der vergangenen Jahrhunderte und Jahrtausende nach, sodass sie ihren Wert oftmals selbst innerlich und äußerlich nicht wirklich vertreten. Sie sind zutiefst betroffen von der langen Zeit ihrer geringen Bewertung. Sie nutzen zwar das Wahlrecht und gehen einer Arbeit nach, aber das Vermächtnis ihrer Ahnen ist noch immer als Information in ihren Zellen wirksam. Dieser Konflikt ist meist unbewusst und wird daher nicht als einer der Gründe in Erwägung gezogen, wenn eine erfüllende Partnerschaft ausbleibt. Sie sind zwar formal frei, doch sie müssen oft erst lernen, diese Freiheit wirklich wahrzunehmen und sich komplett darauf einzulassen, dass sie für sich selbst entscheiden können. Sie müssen ihr Herz, das noch immer vereinnahmt ist von maskulinen Werten, für die weiblichen Qualitäten öffnen, damit ihre Liebesqualität nicht länger begrenzt bleibt. Denn solange sie die weiblichen Parameter innerlich verachten, kommen sie nicht in ihre ganze Kraft.

Sie, liebe Leserin, sind daher aufgefordert, in sich selbst zu erforschen, inwiefern eine Sehnsucht besteht, im Leben ganz Frau zu sein. Wenn Ihr Herz bei diesem Thema erregt ist, können Sie davon ausgehen, dass in Ihnen unbewusst eine Ablehnung Ihrer Weiblichkeit schlummert. Und sollten Sie, lieber Leser, als Mann bei diesem Thema Verunsicherung oder Irritation empfinden, könnte es sein, dass in Ihnen alte, überkommene Frauenbilder und

Männerbilder unbewusst wirksam sind, die verhindern, sich auf Augenhöhe auf eine Partnerin einlassen zu können. Denn auch Männer tun sich vielfach damit schwer, die Gleichstellung im realen Leben ganz praktisch nachzuvollziehen, sei es beruflich, in hierarchischen Jobpositionen, oder wenn es darum geht, häusliche Entscheidungen gemeinsam zu treffen. Nicht zuletzt leiden auch viele Männer darunter, zu hoch angesetzten Selbstansprüchen in der eigenen Wahrnehmung nicht zu genügen oder mit aggressiven Gefühlen nicht positiv umgehen zu können.

Auf eine kurze Formel gebracht: Frauen entfalten erst gar nicht ihre ganze Kraft, um sie einer gleichberechtigten Welt zur Verfügung zu stellen – und Männer wissen noch nicht, wie sie ihre Kraft in einer Welt der Gleichberechtigung sinnvoll und vor allem friedlich einsetzen können.

In meiner langjährigen Beratungs- und Behandlungstätigkeit hat sich die negative Auswirkung traditioneller und konventioneller Bilder von Männlichkeit und Weiblichkeit immer wieder deutlich herausgestellt. Daher ist der Bedeutung maskuliner und femininer Aspekte, Werte und Qualitäten in diesem Buch ein eigenes Kapitel gewidmet.

Übung 7: Wenn Sie mögen, können Sie zunächst – nach dem Ablauf der **Grundübung** – herausfinden, welche Rollenbilder (Frau/Mann) für Sie heute wirksam sind. Das wird Ihnen helfen, Ihre Ausgangsposition genauer zu bestimmen.

Das authentische Wesen verstehen

Zur subtilen Innenwelt des Menschen gehört vor allem die Konstitution des Wesens, der Seele. Für eine gelingende Liebesbeziehung ist es von essenzieller Wichtigkeit, dieses Wesen genau zu kennen und zu verstehen. Nur dann, wenn sich zwei Menschen in ihrem Wesen wirklich sehen und annehmen können, werden sie in ihrer Liebesverbindung die Innigkeit entwickeln können, die sie sich eigentlich wünschen. Mit der Seelenqualität sind viele Aspekte verbunden, wie beispielsweise innere Weisheit und Intuition. Aber auch die Ausrichtung im Leben zählt dazu. Fragen Sie sich: *Nach welchen Werten richte ich mein Leben aus? Worin besteht für mich der Sinn des Lebens?* Und in Bezug auf Partnerschaft: *Was bedeutet Liebe für mich? Möchte ich mich in der Beziehung weiterentwickeln?*

Im Gegensatz zu der allgemeinen Annahme, dass unser Wissen auf Verstandesleistungen begrenzt ist, verfügen wir auch über den Fundus der intuitiven Weisheit, die auch oft als „innere Stimme“ benannt wird. Wenn wir eine offene und liebevolle Verbindung zu unserem Herzen pflegen, finden wir Zugang zu dieser Informationsquelle. Meist wissen wir innerlich schon genau über etwas Bescheid, noch bevor wir uns dazu Gedanken gemacht haben. Leider haben wir aber dafür meist kein Ohr, weil wir daran gewöhnt sind, uns nur auf unseren Verstand zu verlassen. Obwohl wir gedanklich nicht selten an unsere Grenzen kommen, haben wir Schwierigkeiten, unserer inneren Stimme, dem sogenannten „Bauchgefühl“ zu vertrauen.

Übung 8: Wenn es Ihnen hilft, können Sie Ihre Erkenntnisse zur eigenen Authentizität – nach dem Ablauf der **Grundübung** – zunächst einsammeln und notieren. Bitten Sie auch gezielt Menschen Ihres Vertrauens um eine Rückmeldung dazu, wie sie Sie erleben, um ein realistisches Außenbild zu erhalten, das Sie mit den Ergebnissen Ihrer Selbstwahrnehmung abgleichen können. Meistens gibt es hier Abweichungen, die Sie auf eine Fährte bringen können.

Prüfen Sie das im Alltag für sich selbst: *Wie oft sagen oder tun Sie etwas, obwohl Ihr Gefühl Ihnen etwas anderes sagt? Wie fühlen Sie sich dann?* Immer, wenn Sie bemerken, dass Sie nicht ganz Sie selbst sind, ist die

Verbindung zu Ihrem Herz, Ihrer Seele, unterbrochen. Fragen Sie sich: *Wie stark bin ich mit meinem inneren Wesen verbunden? Orientiere ich mich nach innen oder außen?*

Das innere Kind beschützen

Jeder, der sich nach einer erfüllenden Partnerschaft sehnt, empfindet Enttäuschung, wenn sich die eigene Liebesbeziehung nicht so anfühlt wie dieses Ziel. Dabei wird oftmals nicht beachtet, dass es ganz normal ist, auf dem Weg zu diesem Ziel auch Hindernisse überwinden und ganzen Einsatz bringen zu müssen. Niemand kann erwarten, dass das Glück vom Himmel fällt oder spontan der/die richtige Partner/Partnerin auftaucht. Aber es ist möglich, viel dafür zu tun, dass dies wahrscheinlicher wird. Wenn Sie beispielsweise mit der Zeit die Wahrnehmung Ihrer Innenwelt schulen, werden Sie auch die Zeichen im Außen schneller und besser deuten können. Achten Sie auch auf Ihr inneres Kind[15], es ist die Instanz in Ihnen, die empfindlich reagiert auf Kritik, Ablehnung oder Bedrohung. Eine trübe, unklare Stimmung, innere Zerrissenheit,

---

[15] Bezeichnet und symbolisiert die im Gehirn gespeicherten Gefühle, Erinnerungen und Erfahrungen aus der eigenen Kindheit, die im Erwachsenenleben weiter wirken.

Traurigkeit oder Ängstlichkeit können darauf hindeuten, dass Ihr inneres Kind verunsichert oder überfordert ist.

Um in einer Partnerschaft glücklich zu sein, sollten beide Partner über ihre inneren Kinder gut Bescheid wissen. Denn in Konfliktsituationen kommt es oft vor, dass sich nicht die erwachsenen Partner auseinandersetzen, sondern deren innere Kinder miteinander hadern und streiten. Wenn Sie zum Beispiel selbst ein verletztes Scheidungskind gewesen sind, laufen womöglich in Ihrem Unterbewusstsein Angst-Programme, die Sie nicht bewusst steuern. Alte Wunden blockieren fast immer das gegenwärtige Leben. Das Grundvertrauen fehlt vielleicht, es besteht womöglich eine versteckte Angst, verlassen oder nicht geliebt zu werden. Eine negative Grundhaltung lässt Sie beispielsweise ständig kontrollieren, ob Ihr Partner/Ihre Partnerin wirklich ehrlich ist, treu ist, verlässlich usw.

Ich habe schon zahllose Teilnehmer in meinen Seminaren erlebt, die in der energetischen Analyse deutlich erkennen mussten, dass ihre innere Abwehrhaltung und ihre Schutzmechanismen mehr aktive Kraft hatten als ihre hingebungs- und vertrauensvolle Zuwendung zum Partner/zur Partnerin. Ständig kreisten ihre Fragen um das Verhalten des anderen: *Trägt er/sie eine Maske? Meint er/sie es ehrlich mit mir? Ist das nur eine Masche?*

Betrügt oder belügt er/sie mich? Wenn Sie sich hier einreihen können – auch als Single mit entsprechenden Erfahrungen –, können Sie davon ausgehen, dass Ihr inneres Kind eventuell aufgrund fehlender Verbundenheit in der frühkindlichen Erfahrung – mit einem starken Vertrauensmangel zu kämpfen hat. Dann kennen Sie vielleicht auch das Drama, einem Kontrollwahn zu erliegen oder sich mit permanenten Ablehnungsgedanken herumzuschlagen. Am besten erkennen Sie es daran, dass Sie bei den Themen Treue und Verlässlichkeit unter großer Anspannung stehen.

Übung 9: Nehmen Sie sich einen Moment Zeit, um Ihr Körpergefühl zu ermitteln und eine liebevolle Verbindung zu Ihrem Herz aufzubauen. Schließen Sie einen Augenblick lang die Augen und legen Sie eine Hand flach auf den Brustraum. Atmen Sie tief ein und aus, bis Sie sich gut zentriert fühlen. Nehmen Sie nun behutsam Kontakt auf zu Ihrem inneren Kind – Sie können es beispielsweise ansprechen und sich bildlich vorstellen. Hören Sie gut zu, was es Ihnen sagen möchte, und versichern Sie ihm glaubhaft, dass Sie sich für sein Wohlergehen verantwortlich fühlen: *Du bist mein inneres Kind, und ich werde von jetzt an für dich da sein!*

In Wirklichkeit bleibt aber die Frage, ob nun der Partner/die Partnerin wirklich unzuverlässig ist, oder ob nicht vielmehr Ihr inneres Kind noch immer darunter leidet, dass sich vor Jahrzehnten die Eltern trennten oder mindestens selbst jeden Tag stritten. Solche schwierigen Erlebnisse bleiben im Zellgedächtnis aktiv und bestimmen auch im Erwachsenenalter noch die emotionale Grundstimmung.

Sich und anderen vergeben

Wenn Psycho-Dynamiken[16] am Werk sind, gibt es meist Wiederholungsmuster, das heißt, Ihnen begegnet in verschiedenen Partnerschaften immer wieder das gleiche Problem. Sie arbeiten sich sozusagen an verschiedenen Partnern ab, weil Sie ein Bild in sich tragen, das eventuell vom Vater oder der Mutter geprägt ist. Solange diese Dynamik unbewusst bleibt, „verwechseln“ Sie sozusagen den Partner/die Partnerin mit Vater/Mutter, ohne es zu bemerken. War der Vater zum Beispiel ein notorischer Fremdgeher, werden Sie Ihrem Partner insgeheim oder auch ganz offen eine latente Untreue unterstellen. Sie spüren Unsicherheit und werden von brennender Eifersucht geplagt, unabhängig davon, ob Ihr Partner Ihnen

[16] Lehre vom Wirken innerseelischer Kräfte.

überhaupt faktisch Anlass dazu gibt oder nicht. Frauen, die ihre Männer mit Eifersucht in die Enge treiben, sind also ursächlich selbst Getriebene. Umgekehrt war vielleicht Ihre Mutter Alkoholikerin, und Sie haben als Kind sehr darunter gelitten. Wundern Sie sich nicht, wenn Sie im späteren Leben entweder selbst suchtgefährdet sind oder an labile abhängige Frauen geraten.

Das Erspüren und Wahrnehmen von Psycho-Mustern ist ein wichtiger Schritt, um die eigene Innenwelt zu beleuchten und zu klären. In meiner langjährigen Beratungspraxis ist allerdings deutlich geworden, dass dies auch oft der Beginn eines längeren Heilungsweges ist, denn nicht selten verbergen sich hinter psychologischen Ursachen für Beziehungsstress echte traumatische Erfahrungen, die nicht auf die leichte Schulter zu nehmen sind. Traumata wirken im Zellgedächtnis hartnäckig weiter, und es genügt meist nicht, auf kognitive Weise damit abschließen zu wollen. Verständnis aufzubringen für das eigene frühkindliche Leiden ist das eine, aber der Weg führt schließlich auch dahin, den eigenen Eltern oder auch anderen Personen vergeben zu können. Wenn man als Kind unter traumatischen Situationen gelitten hat, ist Vergebung ein wirkungsvoller, tiefer innerer Prozess, der die emotionale

Balance wiederherstellen soll und das Herz befreit aus der ängstlichen Reaktion.

Die energetische Arbeit kann Ihr Körper-Geist-Seele-System dabei unterstützen, sich alte Wunden bewusstzumachen und davon auch berühren zu lassen. Anderen Personen oder auch sich selbst zu vergeben, führt ja nicht an Ihren Gefühlen vorbei, indem Sie etwa Vernunft walten lassen und die „Sache vergessen“ wollen. Vielmehr führt der Wunsch, den zwischenmenschlichen Bereich zu bereinigen, erst in die wahre Gefühlstiefe hinein. Sie können Leidverursachung nur verzeihen, wenn Sie den Schmerz auch ganz fühlen, verabschieden und dann loslassen.

In der hawaiianischen Kultur gibt es beeindruckende Rituale, die ich auf meinen Reisen kennengelernt habe. Sie haben mich zutiefst überzeugt, weil die Menschen sie erfolgreich in ihrem Alltag anwenden. Das Ritual zur Vergebung heißt Ho’oponopono, was übersetzt so viel wie „in Ordnung bringen“ bedeutet. Es dient vor allem der Aussöhnung. Die Hawaiianer leben sehr im gegenwärtigen Moment, und in ihrem Verständnis ist es ganz normal, das alltägliche Geschehen inklusive Streitigkeiten oder Konflikten vor dem Zubettgehen zu bereinigen.

Sie würden niemals eine Meinungsverschiedenheit über Tage oder gar Wochen und Monate bestehen lassen. Dieses einfache Prinzip, zur Nacht hin den Tag im Frieden abzuschließen, verhilft ihnen zu einer außergewöhnlichen Vitalität und positiven Gestimmtheit, die sich natürlich vor allem in ihren sozialen und familiären Beziehungen förderlich auswirken.

Übung 10: Sprechen Sie bestehende Probleme mit Ihrem Partner/Ihrer Partnerin zeitnah offen an. Nehmen Sie sich gemeinsam Zeit zur Reflexion und achten Sie darauf, Schweigeminuten einzulegen, um die Gefühle innerlich zu klären. Formulieren Sie jeweils entsprechend erforderliche Schuldbekenntnisse, Reuebezeugungen und Vergebungen, die jeweils ohne Bedingung geglaubt und angenommen werden. Grundlage des Rituals ist der unbedingte Respekt voreinander. Zeigt sich, dass einer aufgetretenen Verletzung eine weitere zugrunde liegt, wiederholen Sie den Prozess auf den tieferen Ebenen, bis aller Groll beseitigt ist.

Wenn Ihnen Konflikte mit Ihrem Partner/Ihrer Partnerin zu schaffen machen, können Sie versuchen, diese zeitnah anzusprechen und sich dabei – über Ihre Verletztheit oder Enttäuschung hinaus – auch für die Position des anderen zu interessieren. Wenn Sie sich fragen, warum Sie Ihrem

Partner/Ihrer Partnerin vergeben sollten, denken Sie daran, dass es nicht nur ihm/ihr guttut, sondern vor allem Ihr eigenes Herz zur Ruhe bringt. Jeder Stress, den Sie zwischen sich und anderen aufbauen, schadet vor allem Ihnen selbst.

Ho'oponopono-Ritual: Das Ritual besteht im Original aus vier Sätzen, die Sie laut oder in Ihrem Innern still aussprechen. Je öfter Sie dieses Ritual praktizieren, je mehr wird es seine heilsame Wirkung entfalten:

1. *Es tut mir leid.* (Mit diesem Satz erkennen Sie Ihr Leid an und akzeptieren, dass Sie Anteil daran haben.)

2. *Bitte vergib mir.* (Mit diesen schlichten Worten bitten Sie sich selbst und den Anderen um Vergebung für den Konflikt – den Sie mit verantworten.)

3. *Ich liebe dich.* (Hierin liegt gleichsam auch die Aussage: *Ich liebe mich.* Sie sehen das Göttliche in sich selbst.)

4. *Danke.* (Sie bedanken sich für die reinigende Wirkung der Vergebung.)

Ho'oponopono ist im Grunde die innere Bereitschaft, Konflikte und Streits zunächst in sich selbst zu bereinigen. Es geht dabei zuallererst um die eigene Heilung und nicht darum, mit dem Konflikt- oder Streitpartner etwas zu klären. Letzteres kann natürlich im direkten Gespräch über eine ehrliche Aussprache erreicht werden, doch in erster Linie dient das eigentliche Ritual der eigenen Herzöffnung. Das schmerzliche Geschehnis muss wirklich gefühlt und losgelassen werden – insofern überwindet Liebe die Grenzen, die normalerweise aufgezogen werden, gegen den Anderen und gegen sich selbst. Manche Hawaiianer arbeiten jahrelang innerlich an Konflikten oder Blockaden, und zwar so lange, bis sie absolut bereit sind, wirklich zu vergeben: zuerst sich selbst, dann dem Anderen. Sie „haken es nicht ab", wie es hier in unserer Kultur oft gemacht wird.

Lebensenergie als Beziehungskapazität

Eine erfolgreiche und gesunde Partnerschaft ist nur nachhaltig, wenn zwei Menschen ihre Einzelpositionen für sich selbst geklärt und gegenseitig erklärt haben. Wenn beide energetisch auf einem hohen Niveau leben, sind sie zunächst für sich selbst erfolgreich und gesund und können diese guten Qualitäten von dieser Basis aus in die Beziehung hineintragen und dort gemeinsam verwirklichen. Die meisten Menschen leben aber weit weniger als hundert Prozent ihres energetischen Potenzials, nicht wenige weit unter der Hälfte. In meiner Arbeit habe ich schon Klienten erlebt, die sich im Minusbereich bewegten und somit ständig Energie „beschaffen“ mussten, um überhaupt lebensfähig zu sein. Das mag von außen nicht immer sichtbar und erkennbar sein, denn die Lebensenergie ist nicht gleichbedeutend mit Vitalität, wenn auch stark damit verknüpft. Hier geht es mehr um die energetische Kraft der Seele. Dieser Unterschied erklärt auch, warum manche Menschen im praktischen Leben körperlich gesund und leitungsfähig sein können, aber in ihrer Selbstkraft schwach, als würde ihr inneres Licht nicht wirklich leuchten.

Wenn Sie das Gefühl haben, innerlich leer zu sein, bedeutungslos oder nicht durchsetzungsfähig, kann das ein Hinweis darauf sein, dass Ihre Seelenenergie nicht „voll“ ist. Erkennen Sie in sich das Muster, sich in vielen Beziehungen aufzuhalten, um das Defizit auszugleichen? Können Sie schlecht alleine sein oder versiegen alle Ideen und Motivationen, sobald eine Beziehung beendet ist? Energie aus Beziehungen zu ziehen, um das eigene Depot aufzufüllen, beschränkt sich nicht auf Liebesbeziehungen, Flirts oder Affären, sondern auch auf berufliche und soziale Kontakte, also Kollegen, Freunde und sogar Kinder. Wie bei allem, was Sie bisher gelesen haben, wirkt auch dieses Prinzip des Energieausgleichs unbewusst und ist meist nur daran zu erkennen, dass Sie bei der inneren

Beobachtung bemerken, wie Ihr Energieniveau steigt und sinkt, je nach Kontaktmöglichkeiten. In den energetischen Analysen im Rahmen des Heart-Evolution-Seminars nehmen Teilnehmer häufig wahr, dass ihr ganzes Leben nach diesem Schema abläuft, und formulieren dies in etwa so: *Wenn andere da sind, blühe ich förmlich auf. Wenn sie wieder weg sind, falle ich in mir zusammen.*

Wer selbst nicht über genügend eigene Lebensenergie verfügt, scheitert früher oder später selbst an den normalen Lebensaufgaben eines Erwachsenen, ist schon vom durchschnittlich stressigen Alltag überfordert und fällt in Krisenzeiten sogar in den Burn-out. Für solche Menschen ist das Leben ein ständiger Überlebenskampf, obwohl sie in einer Wohlstandsgesellschaft leben. Sie kommen „gerade so durch", und weder sie noch ihr Umfeld versteht, worin das Problem besteht. Wie bei den Aspekten zuvor liegen auch hier oft die Ursachen in der frühkindlichen oder karmischen Prägung, doch an dieser Stelle soll es genügen, lediglich festzustellen, auf welchem Energieniveau Sie sich befinden. Nur mit einem vollen „Tank" lässt sich Ihr Leben erfolgreich meistern, und nur mit der Verfügbarkeit der ganzen Power können Sie Ihrem Leben auch bewusst die Bedeutung geben, die Sie sich wünschen. Der herausfordernde Umgang mit einem

Partner/einer Partnerin, die Gestaltung Ihrer Eigenständigkeit innerhalb einer Beziehung und die Bewältigung Ihrer persönlichen Aufgaben können nur auf einer stabilen energetischen Basis gelingen.

Wer keine Kapazität hat, gerät schnell in Streit, denn jede kleinste Herausforderung fühlt sich bedrohlich an, und man kann darin keine Chancen sehen. Die Nerven liegen schnell blank, der Frust ist sofort zur Stelle, alles ist einem zu viel. Man hat das Gefühl, keinen Spielraum zu haben, und unter latentem Stressempfinden wird jede Lebensfreude erstickt. Meist geht logischerweise damit ein geringes Selbstwertgefühl einher, denn man spürt die eigene Begrenzung mehr als die eigene Leistungsfähigkeit oder Motivation. Wer aber über reichlich Kapazität verfügt, empfindet in sich selbst nicht nur die Stärke, sondern auch den eigenen hohen Wert. Konfrontationen können angenommen werden, und es besteht die Möglichkeit, Situationen zu reflektieren: *Was passiert gerade? Was bedeutet das? Welche Optionen habe ich?*

In schwierigen Situationen eine mentale und emotionale Klarheit zu haben, ist gerade in Partnerschaften eine wesentliche Voraussetzung für Flexibilität, Empathie und kreative Lösungen. Diese Klarheit bezieht sich nicht nur auf den Blick nach innen, sondern auf beispielsweise das vermeintliche Versagen des Partners/der Partnerin. Jede Situation hat ja für beide eine entsprechende Bedeutung. Außerdem hilft neben einem offenen Herzen auch eine unverstellte freie Energieversorgung, eine gesunde Selbstwahrnehmung zu entwickeln, die, auch wenn das Beziehungsleben anspruchsvoll ist, als innere Navigation funktioniert. Anderenfalls entstehen bei auftauchenden Zerwürfnissen, Meinungsverschiedenheiten, Auseinandersetzungen und Konflikten in erster Linie Stress und in der Folge Unmut, destruktive Abwehr oder auch ohnmächtige Antworten. Ich muss sicher nicht extra erwähnen, dass mit einer hohen energetischen Kapazität auch eine „hochprozentige" Selbstliebe verbunden ist, das versteht sich von selbst. Wer sich seiner selbst sicher ist und genug Kraft hat, kann Probleme aktiv lösen, hinderliche Dinge verändern, sogar sich selbst verändern, anstatt darauf zu hoffen oder einzufordern, dass der Partner das alles liefert.

Wenn Sie sich jetzt fragen, wie Sie Ihr Energieniveau erhöhen können, kann ich nur sagen: Es gibt viele Möglichkeiten, doch letztlich ist es immer ein individueller Weg, zunächst ein Gefühl für den eigenen Energiehaushalt zu bekommen und dann den Zugang zu finden zu der speziellen Kraftquelle, die zu Ihnen passt. Ein Beispiel:

Während meines BWL-Studiums musste ich einmal einen Fachvortrag halten, vor zweihundert Leuten und auf Englisch! Das war im Vorfeld eine große Aufregung für mich, und ich hatte Sorge, diese Herausforderung nicht zu meistern. Immer wieder fragte ich mich, ob ich das schaffen würde. Etwa drei Wochen vor dem Termin verfolgte ich einen YouTube-Clip, in dem Tina Turner „Simply the best" sang. Ich war wie hypnotisiert: Wie sie sich bewegte, die Liebesenergie, die Schwingung – es war perfekt! Ich wusste spontan tief in meinem Innern: Wenn meine Zellen mit meiner Herzenergie so schwingen würden, wäre ich in der Lage, alles zu schaffen, nicht nur den Vortrag. Diese Inspiration war für mich eine Fährte. Zwei Wochen lang meditierte ich jeden Tag fünf bis sieben Stunden lang diesen Song. Ich sang, wo ich gerade war, selbst unter der Dusche. Mir liefen Tränen, mein Herz öffnete sich. Der ganze Müll, der mich belastete, „spülte" heraus. Ich verstärkte den Effekt mit der Verwendung von Rosenöl, Bergkristall, Kerzen und legte meine Hände auf die Brust. Die Musik bewegte mich auf magische Weise. Ich schwor mir Selbstliebe von morgens bis abends. Die Musik aktivierte die bis dahin brachliegende Schwingung meiner Seele. Ich verbrachte die Zeit sozusagen in einer permanenten Selbstumarmung. Die letzten zwei Tage bereitete ich mich schließlich inhaltlich auf den Vortrag vor

– immerhin ein nüchternes Wirtschaftsthema! Das Ergebnis war so überwältigend und berührend, ein voller Erfolg. Keiner konnte es verstehen, weil das Thema ja so fad war. Seit damals weiß ich: Ausstrahlung und Wirksamkeit hat nichts mit Inhalten zu tun, denn ich hatte die Körper und Herzen meines Publikums erreicht.

Sie werden verstehen, dass ich Ihnen vor diesem Hintergrund keine konkrete Übung an die Hand geben kann. Der Zugang zu Ihrer individuellen Kraftquelle ist einzigartig, und Sie müssen ihn selbst finden. Alles, was ich Ihnen ans Herz legen möchte, ist: Spüren Sie in sich hinein und beobachten Sie genau, worauf Ihr Herz anspricht. Was auch immer Sie berührt oder „magisch" anzieht, gehen Sie Ihren Impulsen unbedingt nach – es muss nicht logisch sein, denn es handelt sich um Energie und Intuition, nicht um kognitives Wissen.

Wenn Sie Energie generieren, heben Sie Ihr Energieniveau auf lange Sicht an. Das wird einerseits dazu führen, dass Sie aus Angstzuständen, Erschöpfungslagen und sogar aus Panikattacken herauskommen. Andererseits werden Sie mit der Zeit lernen, das alte Erleben vom aktuellen Erleben zu trennen und so das alte Leid vom aktuellen Leid zu entkoppeln.

Es ist erstaunlich, wie viel Kraft wir als Menschen – wie auch Tiere – zum „Überleben“ aufbringen, das sollten wir anerkennen.

Erst dann, wenn wir wirklich über Kraft verfügen, die nicht im Alltag verbraucht wird, können wir überhaupt selbstbestimmt an die Zukunft denken und unser Leben gestalten.

TIPP: Wenn Sie Ihren Energiehaushalt in Ordnung bringen wollen, arbeiten Sie am besten mit Prozenten. Senden Sie (wie einen konsequenten innerlichen Zuspruch) 108 Prozent[17] Energie und Selbstliebe in Ihr Gesamtsystem, denn bis 100 Prozent liegen Sie noch auf der Ebene Ihrer Probleme. Erst ein Mehr an Energie bedeutet Überschuss und verfügbare Leistungsfähigkeit. Für diese Sequenz brauchen Sie kein besonderes Setting. Sie können überall und jederzeit innehalten und Energie in Ihre Zellen „senden“. Tun Sie das so oft wie möglich, wann immer Sie es brauchen.

In dieser Weise frei zu werden heißt, sich von der Verbitterung als Folge permanenten Kampfes verabschieden zu

---

[17] In vielen Kulturen eine magische Heilzahl (siehe auch: Wikipedia/Hundertacht)

können. Aus Resignation wird Hoffnung, aus einer defensiven, reaktiven Position wird die Chance, das eigene Potenzial ganz zu nutzen.

Noch einmal: Selbstliebe ist die essenzielle Grundvoraussetzung dafür, dass Sie sich optimal entwickeln und Ihr Potenzial entfalten können. Ist Selbstliebe – als emotionale und vitale Energie der Selbstzuwendung – ausreichend vorhanden, können Sie Ihre Lebensumstände kraftvoll nutzen und im Sinne Ihrer Wünsche verändern, auch in Bezug auf eine/n potenzielle/n Partnerin/Partner. Ihre Ausstrahlung ist sozusagen energetisch aufgeladen, sodass entsprechend kraftvolle Personen – die ihrerseits genug Selbstliebe entwickelt haben – sich angesprochen fühlen und auf Sie positiver reagieren. Unabhängig davon ist das Sich-selbst-Lieben ein lebenslanger Prozess, der nicht abgeschlossen wird, sondern zum Lebenskonzept insgesamt im Sinne einer permanenten Entwicklung dazugehört – mit allem Auf und Ab. Selbstliebe ist immanenter Bestandteil im Energiehaushalt des Menschen. Insofern steht sie auch in einer engen Verbindung zur Resilienz – der Herzkraft, die zur Verfügung steht, um einerseits schöpferisch wirksam zu sein und andererseits Krisen bewältigen zu können.

Initiation nachholen

Immer mehr Menschen erfahren auf dem Weg in das Erwachsenenalter hinein eine gewisse Übergangslosigkeit, denn althergebrachte Stationen wie Kommunion oder Konfirmation werden immer seltener. Es gab oder gibt zwar gewisse Alternativen, wie beispielsweise die sogenannte Jugendweihe oder Naturzeremonien, doch im Allgemeinen steuern Jugendliche nur auf ihren 18. Geburtstag zu und sollen dann das Gefühl haben, plötzlich „volljährig" zu sein. Was ist daran so bedenklich? Traditionell gehört es eigentlich überall auf der Welt zum Leben der Heranwachsenden dazu, dass die Schwelle zur Verantwortlichkeit einerseits und der Eigenmächtigkeit andererseits bewusst statuiert wird. Dabei sind die Erwachsenen insbesondere Zeugen dieser wichtigen Veränderung im Leben der Jugendlichen. Sie erklären öffentlich, diese „in den Kreis der Erwachsenen" aufzunehmen.

Bis zu diesem Moment bestehen längere Zeitphasen des Austauschs und Unterweisens, beispielsweise im Konfirmandenunterricht, in denen sich die Anwärter auf das initiatische[18] Ereignis vorbereiten und sich mit der auf sie

[18] Initiation in diesem Kontext: Reifefeier oder heilige Weihe, bei der durch bestimmte Bräuche die Aufnahme in den Kreis der vollberechtigten Standes- oder Altersmitglieder einer Gruppe vollzogen wird.

zukommenden Erweiterung ihres Wirkungsbereiches auseinandersetzen. Erwachsen zu werden ist ein Entwicklungsprozess, und es liegt auf der Hand, dass es sinnvoller ist, in diesem Prozess begleitet zu werden, als damit allein klarkommen zu müssen. In der hawaiianischen Kultur werden die Jugendlichen während eines dreitägigen Festrituals in die Welt der Erwachsenen „entlassen". Dabei wird vor allem das Vertrauen in das Leben und die eigene Stärke begründet. Außerdem wird die Versicherung gegeben, von der Gemeinschaft unterstützt zu werden. Vor allem aber wird den Kandidaten das Gefühl vermittelt, großartig zu sein!

Wenn solche Rituale nicht mehr stattfinden und wenn Jugendliche sang- und klanglos in ihre Selbst- und Weltverantwortung hinüberrutschen, fehlen also ganz entscheidende Anker im sozialen und familiären Gefüge. Vielleicht ist es Ihnen selbst auch so gegangen, und selbst wenn Sie doch eine Initiation erfahren haben, mag es sein, dass diese offizielle Ankunft im Erwachsenendasein für Sie nicht sehr viel Kraft hatte, weil der eigentliche tiefere Sinn nicht vermittelt worden ist. Wie auch immer Sie den Übergang selbst erlebt haben: Prüfen Sie für sich auch energisch, ob Ihre Eltern Sie damals als ihr Kind wirklich freigegeben haben. Fühlten Sie sich gesegnet entlassen aus der untergeordneten Rolle des oder der Schutzbefohlenen? Oder fühlen Sie sich noch immer an die Haltungen Ihrer Eltern gebunden? Neigen Sie dazu, sich heute noch vor Ihren Eltern zu rechtfertigen für das, was Sie denken und tun? Treffen Sie Ihre Lebensentscheidungen deutlich und kraftvoll oder schlingern Sie eher, sobald es darum geht, Verantwortung zu übernehmen oder auch mal ein Risiko einzugehen?

Natürlich mischen sich die meisten Eltern heute nicht mehr ein in die Entscheidung, wen man heiratet – so wie früher, als Ehen noch arrangiert wurden. Aber oftmals bestehen unbewusste, ungelöste energetische Verbindungen zu den Eltern, die die Partnerwahl und auch das partnerschaftliche Zusammensein beeinträchtigen können. Schwierigkeiten in Beziehungen sind nicht selten auf die Prägung der Eltern-Kind-Beziehung zurückzuführen. Dann wird die Partnerin zur eigenen Mutter oder der Partner zum eigenen Vater. Das Ritual zur offiziellen Eigenständigkeit und zur energetischen Abtrennung könnte in einem solchen Fall nachgeholt werden. Sie können aus Ihrer heutigen Position als Erwachsener rückwirkend eine Abkopplung vornehmen, um den Weg frei zu machen für Ihre eigenen Entscheidungen und zum Gelingen Ihrer Beziehungen beizutragen. Sie können ein attraktives Setting wählen, wie zum Beispiel einen Feuerlauf oder eine Schwitzhütten-Zeremonie. Wenn nötig auch ganz allein, ohne Ihre Eltern und Verwandten.

Wichtig: Wenn noch nicht geschehen, sollten Sie sich spätestens jetzt bewusst trennen von allen Vorgaben durch Ihre Eltern, um unabhängig zu werden und sich selbst im Leben und Ihren Beziehungen zu beweisen. Nur so sind Sie in der Lage, sich aus eigener Kraft zu entfalten. Bedenken Sie: Jedes Eltern-Programm in Ihnen läuft automatisch und unbemerkt ab, solange Sie sich dessen nicht bewusstwerden. Erst wenn Ihre und die Eigenständigkeit Ihres Partners/Ihrer Partnerin in der Liebesbeziehung bekräftigt und energetisch aufgebaut wird, können Sie als Paar die Beziehungsqualität leben, die Sie sich wünschen. Anderenfalls bleiben Sie womöglich in Ihren Ergebnissen limitiert.

Drei existenzielle Traumata

Es gibt drei Stationen in der Entwicklung, die wir als Kinder durchlaufen, auf deren Erlebensqualität unsere ganze spätere Ausrichtung im Leben beruht, nämlich die Ziele, die Motivation und die Zugehörigkeit/Integration und letztlich die Sinngebung und der Bedeutungswille. Auf dieser basalen strukturellen Erfahrungsreferenz beruht das Lebenskonzept eines Menschen: *Was glaube ich? Was will ich? Wie fühle ich mich/Wer bin ich?*

Die Teilnehmer der Heart-Evolution-Seminare und Einzelkurse widmen sich – auch auf alle anderen Lebensbereiche bezogen, neben Partnerschaft und Beziehung – zu Beginn jeweils der individuellen Selbsterkenntnis durch energetische Selbst-Analysen. Die daraus erwachsenden Einsichten und Klärungen betreffen also zunächst einmal die eigene Person, bevor sich diese in Verbindung mit anderen, beispielsweise einem Liebespartner/einer Liebespartnerin erforschen. Diese Vorgehensweise hat sich aus meiner Sicht immer wieder als erfolgreich bestätigt, denn wie könnten wir uns anderen zuwenden, uns um sie kümmern, mit ihnen gemeinsam an der Lebensgestaltung arbeiten, wenn wir nicht zuerst mit uns selbst im guten Kontakt stehen?

Hier im Buch folge ich diesem einfach strukturierten Ablauf und bespreche die drei existenziellen Traumata im Zwischenschritt, also im Anschluss an die Selbst-Klärung und vor der Wir-Klärung – so, wie im Programmablauf der Heart-Evolution-Ausbildungen. Dieser Zwischenschritt ist notwendig, um die subtileren Energiebereiche und Phasen der seelisch-psychischen Frühentwicklung konkreter zu erforschen und tiefer zu verstehen, in denen biologisch und zellulär gesehen unsere basalen Reflexe und instinktiven Haltungen einschließlich unserer Abwehrreaktionen entstehen. Wir alle durchlaufen ausnahmslos die drei Trauma-Prozesse, und von daher spielen diese auch für jeden Menschen eine wichtige Rolle im Verständnis der eigenen Beziehungsfähigkeit. Doch jeder Mensch kann nur seine eigene Bewältigungsstrategie erforschen, und es gibt keine pauschalen Antworten. Für die Reflexion und die innere Arbeit an diesen drei sensiblen Punkten im Erfahrungsbereich der frühen Kindheit braucht der Mensch eine gute energetische Basis und bereits eine gewisse Übung in der Selbstwahrnehmung, weshalb sie erst sinnvoll auf der Selbst-Klärung aufbaut.

Wenn Sie zurzeit in einer Partnerschaft oder Ehe leben, ist es von Vorteil, wenn Sie diesen Teil des Buches noch zur Selbstanalyse rechnen, aber auch im Blick behalten, dass Ihnen jeweils auch die Ergebnisse Ihres Partners/Ihrer Partnerin helfen können, Ihre Paarkonstellation insgesamt besser zu verstehen. Folgen Sie also den Übungen als Einzelpraxis und tauschen Sie sich anschließend gemeinsam darüber aus, sofern dies möglich ist. Wenn Sie Single sind, wird es Ihnen guttun, sich mit einer nahen Freundin/einem nahen Freund dazu zu besprechen.

Der Kontakt zur Erde

Die erste Station ist die Geburt, die ich gerne die Landung des Körpers auf der Erde nenne. Die Art, wie der Körper hier im Leben landet, beeinflusst das Grundgefühl der Existenz und bestimmt den Kontakt zur Erde – man kann auch sagen bildet das Fundament der Konstitution. Diese Station muss über den tatsächlichen Geburtsvorgang hinaus weiter gefasst werden, denn dazu gehören schon die Umstände bei der Zeugung. Entsteht hier ein Wunschkind? Oder wird das Kind ungewollt gezeugt? War es dem Paar zu diesem Zeitpunkt egal, ob die Frau schwanger wird? Ist es das Kind einer verheimlichten Affäre oder sogar in selteneren Fällen einer Vergewaltigung? Der Augenblick der Empfängnis ist somit der Beginn dieser ersten existenziellen Traumasituation und begründet, wie der Mensch sich später unbewusst immer fühlen wird: gewollt und erwünscht, heiß ersehnt oder aber abgelehnt und belastend. Dasselbe gilt für die Zeit der Schwangerschaft, in der das heranwachsende Kind im Mutterbauch einerseits in der energetischen Schwingung der Mutter lebt und andererseits von deren psychischem Zustand oder Herzensstimmung geprägt wird.

Schließlich bringt das Geburtserlebnis die erste Erfahrung des körperlichen Überlebens mit sich. Das Kind macht, je nachdem, nun die existenzielle Erfahrung: *Bin ich willkommen? Fühle ich mich gleich zu Hause? Werde ich ganz angenommen? Werde ich gut versorgt?* Es macht einen fundamentalen Unterschied, ob die Eltern, insbesondere die Mutter, sich freuen und mit ihrer ganzen Kraft das Kind in Empfang nehmen oder ob sie ängstlich sind, unentschlossen, innerlich abwesend oder sogar wütend. Selbst wenn, wie in vielen Fällen, die Mutter mit dem Kind allein ist, weil der Partner entweder nicht mehr da ist oder unbekannt ist, reagiert das Kind nur auf die Unterscheidung zwischen Willkommensein und Unerwünschtsein.

All diese Faktoren werden als Erleben im Körper, in den Zellen abgespeichert. Ich habe schon viele Klienten behandelt oder beraten, die ihr Leben lang auf der Suche waren, innerlich getrieben, ohne zu wissen, was genau sie suchen oder erreichen wollten. Meistens haben solche

Menschen enorme Schwierigkeiten, sich festzulegen, auch in der Partnerwahl. Sie springen von einem zum nächsten, reisen nonstop, ziehen ständig um oder wechseln ständig die Arbeitsstellen, ohne jemals eine Sicherheit zu empfinden oder das Gefühl, anzukommen. Das Gefühl der Zugehörigkeit ist nicht ausreichend ausgebildet, daher bleibt immer eine Grundstimmung der Verlorenheit bestehen, egal wie erfolgreich sie ansonsten im Leben sind. Das heißt in Bezug auf Liebesbeziehungen, selbst wenn der Mensch den/die richtige/n Partner/Partnerin gefunden hat, stellt sich das entsprechende Gefühl der Bestätigung nicht ein. So bleiben immer Restzweifel und Unsicherheiten, die im Zusammenleben Konflikte produzieren, beispielsweise wird unbewusst Kontrolldruck ausgeübt oder die Verbindung führt nicht zu der gewünschten Innigkeit, weil die Einlassung stets begrenzt bleibt.

Vielleicht fragen Sie sich jetzt, ob es nicht auf der biologischen Ebene ganz normal sei, wählerisch zu sein – denn in der Tierwelt beobachten wir tatsächlich das instinktive Auswahlverfahren, nach dem passenden Partner für einen erfolgreichen Fortbestand zu suchen. Einerseits ja, andererseits kommen in der Tierwelt am Ende die passenden Paare zusammen, und der wählerische Teil leidet auch nicht unter Verunsicherungen, sondern signalisiert in bestimmender Klarheit: ja oder nein! Der Vergleich zeigt, dass das Defizit beim Menschen also darin liegt, sich grundsätzlich zugehörig zu fühlen, sich ganz und verbunden zu fühlen, letztlich sich selbst ausreichend zu fühlen und am richtigen Ort zu sein – unabhängig davon, wer als Partner/Partnerin infrage kommt.

Um das erste existenzielle Trauma in sich selbst aufzuspüren, können Sie zum einen Ihre Herkunftsfamilie befragen, wie die Umstände rund um Zeugung, Schwangerschaft und Geburt tatsächlich gewesen sind. Aber die reinen Fakten bestimmen nicht zwangsläufig, wie Sie es tatsächlich erlebt haben und welche Bedeutung Sie, im Leben ankommend, diesem Erleben gegeben haben, das heißt, wie Ihre ersten Erfahrungen des Ankommens abgespeichert sind. Eine komplizierte Geburt oder Unstimmigkeiten in der Elternbeziehung in der Schwangerschaft lassen nicht per se den Schluss zu, dass Sie schwer traumatisiert sind. Der Traumatisierungsgrad hängt allein davon ab, wie Sie diese Faktoren und Einflüsse damals für sich instinktiv bewältigt haben und welche Bedeutung Ihr Gesamtsystem dieser Erfahrungsenergie gegeben hat.

Übung 11: Beginnen Sie mit der **Grundübung** und erkunden Sie energetisch den Prozess Ihrer Ankunft auf der Erde. Gehen Sie mit der Aufmerksamkeit in diese frühe Zeit zurück und lassen Sie in Ihrem Herzen Antworten aufsteigen zu den Fragen: *Bin ich am richtigen Ort? Gehöre ich zu meiner Familie wirklich ganz dazu? Werde ich geliebt?* Gehen Sie sanft und behutsam vor und lassen Sie sich darauf ein, auch unerwartete Impulse zu bekommen, die Sie ein Stückchen tiefer in Ihren Seelenkern hineinführen. Bewerten Sie möglichst nichts, formulieren Sie keine Vorwürfe und bleiben Sie mit Ihrem inneren Kind fest verbunden.

Die Erfahrungen in der Phase der Ankunft im Leben wirken auf das spätere Beziehungsleben ganz direkt ein. Der Einfluss von permanent gefühltem Mangel oder einer emotionalen Unterversorgung wird auch in einer Partnerschaft ein defizitäres Grundgefühl mitbestimmen. Dann besteht oft die Illusion, der Partner/die Partnerin würde diese innere Unsicherheit erlösen. Doch das energetische Ungleichgewicht lässt sich auf Dauer nicht ausgleichen, ohne dass der Partner/die Partnerin dabei erschöpft oder Trennungstendenzen entwickelt. Es kommt nicht darauf an, wie liebevoll oder großzügig der Partner/die Partnerin ist, sondern dass die weiterhin unbeantwortete Frage nach der eigenen Heimat in einem selbst beantwortet und die unzureichende innere Beheimatung geheilt wird. Nur so lässt sich ein wirklich stabiles Lebensgefühl aufbauen.

Das getrennte Individuum

Die zweite existenzielle Station in der Entwicklung ist die Phase um das zweite Lebensjahr herum und betrifft die Entdeckung des Ich-Bewusstseins. Das Kind kann sich beispielsweise selbst im Spiegel erkennen und lernt, dass es ein Individuum ist. Die Illusion zerfällt, dass es in der Verbundenheit mit seiner Umgebung verschmolzen ist. Das Kind erlebt: *Ich bin von allem getrennt, ich bin alleine.* Dieser Ablöseprozess hat eine existenzielle traumatische Kraft, die wiederum bewältigt und gedeutet werden muss, einmal vom Körper, der sich plötzlich losgelöst und eigenständig erfährt, und dann auch emotional. Die Erfahrungstendenz kann in verschiedene Richtungen gehen. Entweder das Kind erlebt dies als Erweiterung seiner Möglichkeiten oder es empfindet diese „Offenbarung“ als potenzielle Bedrohung. Sobald die Illusion der All-Verbundenheit nicht mehr vorhanden ist, entscheidet die Erfahrungstendenz darüber, wie das Kind strategisch reagiert, insbesondere in Bezug auf Liebe. Es entwickelt erste Glaubens- und Verhaltensmuster in Bezug auf die Beziehung zur Mutter (auch zum Vater und anderen nahen Personen) und bildet gegebenenfalls entsprechende Kompensierungen aus, beispielsweise ist es ständig überaktiv in dem unbewussten Bemühen, nie allein sein zu müssen. Die Reaktionen und Taktiken der Eltern wirken bei diesem Prozess mit, indem sie vielleicht permanent den Fernseher laufen lassen, um das Kind zu beruhigen.

Von außen lässt sich nur schwer bestimmen, wie im inneren System des Kindes der Schock verarbeitet wird, wenn es erkennt, einen eigenen Körper zu haben und somit physisch unabhängig zu sein von der Mutter. Fühlt es sich allein gelassen, oder fühlt es eine größere Freiheit? Schlussfolgert das System: *Mutti liebt mich nicht!*, kann der spätere Erwachsene meist auch nicht glauben, dass der Partner/die Partnerin ihn wirklich liebt. Der Vorbehalt, selbst nicht liebenswürdig zu sein und um Zuwendung grundsätzlich kämpfen zu müssen, bleibt bei nicht wenigen Betroffenen ein Leben lang bestehen. Sie können ihr Herz für eine andere Person nie ganz öffnen, und man sieht ihnen die Verletzung bzw. Verbitterung auch an. Äußerlich fallen sie dadurch auf, dass sie in mehreren Vereinen aktiv sind, um das Gefühl des Alleinseins nicht empfinden zu müssen. Wenn sie tatsächlich allein sind, läuft das Radio und sie telefonieren ständig. Sie kämen nie auf die Idee, allein Sport zu treiben oder in den Urlaub zu fahren.

Genießen gelingt ihnen nicht, stattdessen häufen sich die Süchte an, die aber mit Genuss nichts zu tun haben. Sie kümmern sich übertrieben um andere und ziehen nicht selten entsprechende Partner an, beispielsweise psychisch Labile oder Alkoholiker, um deren Wohl sie sich dann (aussichtslos) sorgen. So vermeiden sie es, ihre tiefe innere Einsamkeit spüren zu müssen.

TIPP: Reflektieren Sie Ihr Leben rückwirkend vor dem Hintergrund der Frage: *Wie geht es mir, wenn ich allein bin?* Erinnern Sie sich ggf. an die Dinge, die Sie entschieden haben, um das Gefühl der Einsamkeit zu vermeiden. Oder erinnern Sie sich daran, wie es Ihnen in der Vergangenheit ging nach Trennungssituationen oder auch Arbeitsplatzverlust. Erforschen Sie die unbewussten Strategien, gegen jedes Trennungsgefühl anzukämpfen, und finden Sie ggf. auch heraus, welche schönen und beglückenden Erfahrungen Sie mit dem Alleinsein gemacht haben. Tragen Sie zusammen, was Ihnen beim Alleinsein hilft und was nicht. Unterscheiden Sie, wenn es Ihnen möglich ist, die Erfahrungen gesunden Alleinseins und die Erfahrungen leidvollen Alleinseins. Welche Muster ergeben sich daraus für Sie?

Die feine Unterscheidung zwischen dem befreienden Gefühl, ein eigenständiges Leben führen zu können, und dem bedrückenden Gefühl, allein leben zu müssen, gelingt nur selten. Beide Empfindungen sind aber möglich und resultieren aus derselben Erkenntnis: *Ich existiere physisch, geistig und seelisch unabhängig von meiner Umgebung.* Menschen, die diesem Umstand die Bedeutung des Mangels und des Leidens zuweisen, verharren oftmals in schwierigen, kaputten Beziehungen, obwohl sie eigentlich wissen, dass sie sich vom Partner/von der Partnerin trennen sollten. Sie wollen auf keinen Fall allein sein, lieber leiden sie und leben in existenziell-emotionaler Abhängigkeit.

Zu welchen Ergebnissen Sie dabei kommen: allein schon die Einsichten und das tiefere Verständnis für Ihre innere Beschaffenheit werden Ihnen helfen, sich für eine positive Veränderung zu öffnen. Unterschätzen Sie bitte nicht die energetische Wirkung im Körper – in der Zellprogrammierung –, die es hat, wenn Sie beginnen, sich mit einem aktivierten inneren Thema zu befassen. Ich erlebe es oft, dass Klienten in emotionalen Krisen auch körperliche Symptome haben, die teilweise sehr schwerwiegend oder schmerzhaft sind.

Wenn diese Menschen eine echte Bereitschaft[19] zur Veränderung ihres Lebenskonzeptes mitbringen – das Heilungszeitfenster ist offen –, kann durch eine energetische Behandlung eine Zelltransformation gelingen, das heißt, es werden nicht nur alte emotionale Speicherinformationen gelöscht und unwirksam, sondern auch der Körper wird wieder gesund. Insofern wird jede Transformation auch ganzheitlich erfahren, also das gesamte Körper-Geist-Seele-System gelangt auf ein höheres Energieniveau.

Die begrenzte Zeit

Im vierten bis sechsten Lebensjahr wird die Seele des Kindes damit konfrontiert, dass hier auf der Erde Zeit existiert. Das ist eine existenzielle Erkenntnis, denn der Faktor Zeit verändert das Lebensgrundgefühl fundamental. Plötzlich wird deutlich, dass das Leben begrenzt ist und innerhalb der Lebensstrukturen massive Zeitdrucksituationen auftauchen. Das Kind spürt spätestens zum

---

[19] Mit Bereitschaft ist hier nicht gemeint, dass jemand sich absichtlich verweigert, sondern dass die drei Komponenten Körper, Seele und Bewusstsein nicht zur selben Zeit akzeptieren, dass augenblicklich Heilung notwendig geworden ist. Diese Übereinstimmung lässt sich nicht kognitiv herstellen, sondern „geschieht“ innerhalb eines Erkenntnisprozesses.

Schulbeginn, dass sich nicht nur der Lebensrhythmus nach Zeiteinheiten ausrichtet, sondern auch das, was das Kind tut. Sein Lernerfolg wird daran gemessen, dass es jedes Schuljahr mit der Versetzung in die nächste Klasse beendet. Wie heikel dieser Aspekt ist, wird erst deutlich, wenn ein Schuljahr „verlorengeht". Wenn das Kind nicht innerhalb bestimmter Zeitfenster Leistungen erbringt, beginnt das Drama, denn Eltern und Lehrer signalisieren dem Kind, dass etwas „ganz Schlimmes" passiert ist. Das Kind gerät unter Druck und in innere Konflikte, wenn es sein System nicht nahezu zu hundert Prozent an den äußeren Zeitplan anpasst.

Im Erwachsenenleben wirkt sich die frühkindliche Anpassung an äußere Zeitmodelle genauso aus wie die bereits besprochenen Muster und Glaubenssätze. Es gibt Menschen, die „in der Zeit" leben, also im gegenwärtigen Augenblick. Sie sind voll konzentriert auf das, was gerade geschieht. Daran kann man erkennen, dass das Kind in ihnen den Sprung in das Zeitverständnis gut verarbeitet hat. Weitaus mehr Menschen aber haben massive Probleme mit Zeitdruck, weil sich in ihnen eine Angst manifestiert hat, nie genügend Zeit zu haben, der Zeit hinterherrennen zu müssen, Zeit zu verlieren usw. Sie leben „vor der Zeit", das heißt, sie kontrollieren permanent im

Voraus, was zu tun und zu bedenken ist. Sie simulieren sozusagen das, was erst noch kommen wird. Das sind die typischen Planer, die nie entspannt sind und keine Ruhe finden, bevor nicht alles erledigt ist. Es gibt aber auch Menschen, die der Zeit sozusagen immer etwas hinterherhängen, weil sie mit einer gewissen Lähmung auf die ursprünglich als Kind erfahrene Angst reagiert haben. Sie sind einerseits sehr entspannt und regen sich selten auf, man kennt sie als Gemütsmenschen, aber andererseits ist Zeit auch etwas für sie, was sie nicht konkret nutzen. Sie haben keine Ziele, vertrauen nicht auf ihre Lebenszeit als Rahmen für Dinge, die sie schaffen oder erreichen wollen. Sie lassen sich eher gehen, als dass sie etwas aus eigener Motivation anpacken.

Es liegt auf der Hand, dass das Zeitempfinden sich in Beziehungen massiv auswirkt, und es wird für Sie leicht zu erkennen sein, dass Partner mit unterschiedlichen Zeitstrategien miteinander Reibung im Alltag und in der Lebensplanung haben werden. Daher ist es wichtig, dass Sie zunächst herausfinden, wie Sie selbst mit Zeit umgehen, bevor Sie Ihren Partner/Ihre Partnerin in Bezug auf sein/ihr Zeitempfinden betrachten.

TIPP: Prüfen Sie in Ihrem Leben, ob Ihnen der individuelle Umgang mit Zeit guttut oder Sie unter Druck setzt. Beobachten Sie sich im Alltag: Denke ich häufig an das, was noch vor mir liegt? Habe ich Mühe, mich im Augenblick zu entspannen? Fühle ich mich wohl, wenn im Zimmer eine Uhr hängt, oder stresst mich das Ticken einer Uhr? Habe ich häufiger den Verdacht, die Lebenszeit verfließt ungenutzt? Beobachten Sie in sich das Auf und Ab der Gefühle, wenn Sie sich verschiedene Zeitszenarien vorstellen. Im nächsten Schritt könnten Sie sich mit Ihrem Partner/Ihrer Partnerin oder als Single mit Freunden – darüber austauschen.

Während die ersten beiden existenziellen Traumata unmittelbar im Kontakt mit der Umwelt entstehen und daher auch vor allem in Ihren Beziehungen auf Ihr Wohlergehen Einfluss nehmen, wirkt sich das dritte Trauma essenziell auf Ihr Körpergefühl aus, denn Zeit – und damit begrenzte Lebenszeit – konfrontiert Sie mit Ihrer eigenen Endlichkeit. Sie sind also auch ohne Bezug zu anderen Menschen direkt davon betroffen und Ihr Lebenskonzept entwickelt sich vorrangig aus Ihrem Körperbezug: Ihre Fähigkeit, die Angst vor dem Sterben zu bewältigen, bestimmt entscheidend, welche Ausrichtung Sie im Leben haben und welche Ziele Sie sich setzen. Es lohnt sich deshalb, in der energetischen Arbeit eine harmonische Übereinstimmung mit dem kosmischen Rhythmus anzustreben, damit sich Ihr inneres „Metronom“ im Einklang mit Ihrem Gesamtsystem bewegt. Die Heilung des dritten existenziellen Traumas führt dazu, dass Sie am richtigen Ort, zur richtigen Zeit die richtigen Entscheidungen für Ihren Körper und Ihre Seele treffen können.

Die prozessuale Auseinandersetzung mit den existenziellen Traumata und deren Bewältigung ist neben der Klärung frühkindlicher Prägungen und karmischer Verstrickungen eine Grundvoraussetzung für gelingende Beziehungen. Daraus ergibt sich nämlich erstens ein tieferes Verständnis für das bisherige Lebenskonzept – inklusive aller Ausrichtungen in Beruf, Beziehung und Gesundheit – und zweitens eine Heilungschance auf der energetischen Seelenebene. Um es noch klarer zu formulieren: Die Möglichkeit der Heilung der existenziellen Traumata ist ebenso wichtig wie die Möglichkeit, frühkindliche Prägungen zu transformieren, Energieflussblockaden und Karma zu lösen. Das alles mindert Ihr Leiden in diesem Leben erheblich, aber noch viel mehr macht es Sie – einfach ausgedrückt – gesund und glücklich, und erst in diesem wunderbaren Zustand sind Sie auch in der Lage, sich ganz und gar für einen Partner/eine Partnerin zu öffnen und eine erfüllende Partnerschaft zu führen.

Wer sind wir zusammen?

In diesem Teil des Buches betrachten wir mehr und mehr die Beziehung als gemeinsames Geschehen von Paaren. Das heißt aber nicht, dass Sie – als Single – hier aussteigen müssen. Im Gegenteil, Sie können hier wertvolle Anregungen finden, wenn es Ihr tiefer Wunsch ist, eine Partnerin/einen Partner zu finden. Je mehr Sie über Beziehungsdynamik lernen, desto besser können Sie sich vorbereiten und diesen Wunsch selbst verwirklichen. Glückliche Beziehungen sind kein Zufall, sondern letztlich ein wirksames Zusammenspielen verschiedenster Faktoren, von denen Sie die meisten selbst beeinflussen können.

Die Übungen in diesem Teil können weitgehend von Paaren gemacht werden, eignen sich aber genauso auch für jeden Einzelnen, falls der Partner/die Partnerin dafür nicht zur Verfügung steht oder man noch Single ist. Gehen Sie gerne mit den Lerninhalten spielerisch um, denn eine gute erfüllende Beziehung braucht vor allem eines: Lebensfreude! Machen Sie sich klar, dass Sie allein es in der Hand haben, einerseits für sich selbst zu einem Verständnis zu gelangen, das Sie weiterbringt, und andererseits

Ihre Entscheidungsprozesse weiterzuentwickeln und Ihr Leben nach eigenen Vorstellungen zu gestalten.

Die Energiekörper klären

So, wie wir unseren Körper aktiv heilen und gesund erhalten, durch unsere Selbstheilungskraft, können wir auch unsere Beziehungen aktiv klären, heilen und pflegen, indem wir sie gut behandeln. Oftmals erlebe ich Menschen in schwierigen Situationen, die eher dazu neigen, ihre Ehe oder Partnerschaft zu verwerfen wegen ihrer Vorbehalte, unerfüllten Erwartungen, Enttäuschungen oder sogar Verletzungen. Sie denken nicht offiziell an Trennung, aber sie boykottieren und sabotieren unbewusst den freien Fluss der Liebe in der bestehenden Verbindung. Die Energiestruktur der Paare ist meistens disharmonisch aufgebaut, und das kann unangenehme Effekte haben. Dann kommt es darauf an, die beiden Energiekörper zu „entdichten“ und für das Zusammenleben geeignete Maßnahmen zu treffen. Ich arbeitete vor Jahren einmal mit einem Paar, das sich so arrangiert hatte: Sie schliefen nicht in einem gemeinsamen Schlafzimmer, sondern in zwei getrennten Räumen. So erholten sich ihre Körper optimal, und die beiden führten ansonsten eine recht glückliche Ehe.

Eine Frau braucht in besonderer Weise die männliche Energie – sie spürt sie entlang der Wirbelsäule – für ihre Stabilität. Die männliche Energie gibt ihrer Hingabe Struktur und einen „haltenden“ Rahmen. Nur wenn diese männliche Energie wirklich bei ihr ankommt, kann sie sich öffnen – nicht nur sexuell, vor allem im Herzen. Wenn das Energiekörper-System des Mannes geklärt ist, „weiß“ die Frau einfach: *Das ist mein Mann!* Es ist ein starkes „Wissen“ in Form einer tiefen Gewissheitsempfindung, das alle mentalen Zweifel ausräumt. Das Energiekörper-System der Frau sagt: *Ja!* – und das ist weit mehr als Erotik. Es geht um das männliche Standing im Leben. Natürlich spiegelt sich das auch in der erotischen Anziehung, aber nicht vorrangig. Ein Beispiel: Eine Frau trennte sich von ihrem Partner nach zehn Jahren aufgrund starker mentaler Differenzen. Im Laufe der Zeit verarbeiteten beide die Trennung gut und es gab zwischen ihnen schließlich nichts mehr zu bereinigen. Jeder lebte sein Leben und keiner von beiden litt. Neun Jahre später trafen sie sich wieder und im ersten Moment der neuen Begegnung wusste die Frau: *Das ist mein Mann!* Nichts hatte sich geändert an der Sprache ihrer beider Energiekörper. Die subtilen Kanäle der Frau nahmen die männliche Energie genauso wahr wie vor der Trennung und öffneten sich spontan wieder.

Wenn der Mann in dieser Weise bei der Frau landet bzw. landen „kann“ – er spürt es an ihrer vorbehaltlosen Offenheit – weiß er wiederum: *Das ist meine Frau, für diese Frau kann ich sorgen.* Nicht materiell, sondern energetisch. Er weiß: *Ich kann es.*

Der Energiekörper besteht eigentlich aus vier Körpern, die gemeinsam die Aura in Schichten bilden – von außen nach innen: der Seelenkörper, der Emotionalkörper, der Mentalkörper und der physische Körper, mit unterschiedlichen Farben, Dichten usw. Der physische Körper ist sichtbar, die anderen drei sind subtiler und nur mit speziellen Aura-Video-Geräten „messbar“. Der Emotionalkörper speichert Gefühle, der physische Körper speichert Körperzustände und organische Verfassung usw., der Mentalkörper speichert Gedanken, Glaubenssätze und Überzeugungen und der spirituelle Körper speichert alles, was die Seele betrifft und bewegt. Die vier Körper tauschen Informationen aus, sind also durchlässig, nicht starr voneinander abgegrenzt. Der Seelenkörper – oder auch: Lichtkörper – des Menschen sendet die Energien, Schwingungen der seelischen Lebensausrichtung aus und es kommt darauf an, diese durch die drei anderen Körperschichten hindurchzulassen – also durch Gefühle, Gedanken und bis in die Physis hinein in den Kern, das Herz.

Das ist ein langer Weg und aufgrund von Energieblockaden usw. bleiben Informationen oft „auf der Strecke“.

Andererseits senden die vier Körperschichten auch Informationen nach außen, sodass zwischen Menschen auf der subtilen Ebene Interaktionen stattfinden, unabhängig davon, ob diese miteinander direkt sprechen oder sogar ob sie sich nah beieinander oder weiter entfernt voneinander befinden. Über diese „Mitteilungen“ regeln sich eigendynamisch Anziehung und Aversion, also Sympathie und Antipathie. Aber gerade weil dieser Informationsfluss und ggf. Kontakt so unbewusst stattfindet und reguliert ist, haben wir manchmal das Gefühl, es „nicht in der Hand zu haben“, wenn immer dieselben Probleme auftauchen, nur in verschiedenen Personen: Wir arbeiten beispielsweise bei jeder neuen Arbeitsstelle für einen cholerischen Chef oder geraten immer wieder an einen eifersüchtigen Partner usw. Das „Thema“ ist in den Körperschichten aktiv, wird nach außen „mitgeteilt“ und auf der anderen Seite fühlt sich der dazu passende Mensch „angezogen“, der dieses Thema „bedienen“ kann. Daher scheint es einerseits unlogisch, andererseits kann man es nicht einfach durch Planung und reinen Willen beeinflussen nach dem Motto: *Beim nächsten Mal achte ich aber darauf!*

Die energetische Struktur des Menschen verändert sich nicht nur im Laufe des eigenen Lebens, sondern auch über Generationen. Menschen, die sich heute in Liebesbeziehungen auf einen begrenzten Kontakt einigen, um sich nicht zu überfordern, könnten noch vor fünfzig oder sechzig Jahren harmonisch jede Nacht im gemeinsamen Bett gelegen und auf dem Hof den ganzen Tag lang zusammengearbeitet haben. Die Energiestruktur der Körper ist je nach Zeit angepasst und jeweils belastet von der Umgebung, den gesellschaftlichen Verhältnissen – einschließlich der Konventionen – und den persönlichkeitsbezogenen Auseinandersetzungen. Der Schwerpunkt Individualisierung schafft heutzutage Probleme, die weder unsere Eltern- noch unsere Großelterngeneration überhaupt kannten. Für sie stand persönlicher Ausdruck nicht unbedingt auf Platz 1 der Lebensagenda, sondern mehr wirtschaftlicher Aufbau, immerhin nach dem Krieg, das gemeinsame Anpacken und die Lebensqualität „Frieden" als solche. Nachdem so viele Familien auseinandergerissen und zerstört worden waren, war Familie ein hoher Wert. Heute steht überall Bildung, Potenzialentfaltung, und individuelle Selbstverwirklichung oben an.

Die Energiekörper der vorangegangenen Generationen waren gewissermaßen „dichter", kompakter, um im familiären Verbund und unter härteren Bedingungen (über-)leben zu können. Heute sind die Körper viel feinstofflicher und damit auch empfindlicher. Das bringt die globale Entwicklung insgesamt mit sich. Heute ist es kaum mehr möglich, oberflächlich zu sein und wenig Fokus auf das stark differenzierte Innenleben zu legen. Wir sind immer mehr gezwungen, alte Prinzipien aufzugeben und neue zu schaffen, im Privaten wie im Politischen, im Beruflichen wie im Religiösen. Der zerstörerische Umgang mit der Natur macht es besonders deutlich: Beuten wir sie achtlos aus, statt sie zu schützen und zu fördern, entziehen wir uns unsere Lebensgrundlage. Die Natur ist unser Zuhause – so, wie eine Beziehung ein Zuhause sein sollte.

Diese Aspekte betreffen vor allem größere komplexe und auch systemische Einbindungen Ihres Energiekörpers, daher sind Sie nur begrenzt in der Lage, darauf Einfluss zu nehmen. Es ist wie mit der Politik, Sie können als Einzelner/Einzelne nur bedingt daran mitwirken. Ihre persönliche Gestaltungskraft als Bürger/Bürgerin einer Demokratie wird für Sie nicht unmittelbar am täglichen Geschehen greifbar, aber umgekehrt spüren Sie sehr wohl all die Auswirkungen politischer Entscheidungen, weil Sie selbst mit betroffen sind. Zur Klärung der energetischen Körperstruktur gehört deshalb – möglichst bevor Sie sich verbindlich machen – vor allem Ihr persönlicher Lebensbereich, das heißt Ihre Projekte, Kontakte, der Lebensort usw. Es ist wichtig, vergangene Verbindlichkeiten restlos aufzulösen, um wieder ganz frei zu sein für etwas Neues, insbesondere für einen Partner/eine Partnerin. Natürlich gelingt das in der Praxis nicht immer hundertprozentig, zum Beispiel wenn sich der/die „Ex“ an Ihren Friedensangeboten desinteressiert zeigt oder Sie sogar „verflucht“. Aber selbst dann können Sie durch einfache Energieklärungen Ihren eigenen Energiekörper befreien und „säubern“ – bevor Sie sich ganz auf Ihre/n neue/n Partner/Partnerin einlassen. Sie können immer wieder die Grundübung nutzen, um gezielt die hinderlichen Altenergien aus Ihrem Energiekörper auszustreichen und Ihre energetische Freiheit zu imaginieren. Verabschieden Sie ganz konkret und unwiderruflich alles, was Sie unnötig bindet.

Bevor Sie die folgende Übung machen, möchte ich noch den Single-Mann/die Single-Frau ansprechen: Nutzen Sie – wenn Sie derzeit noch allein sind – im zweiten Teil des Buches die Übungen als Vorbereitung auf Ihre gewünschte Partnerschaft. Sie können sich Ihren zukünftigen Partner/Ihre Partnerin einfach innerlich vorstellen und sich auf ihn/sie einstimmen. Gehen Sie dabei intuitiv und spielerisch vor, damit sich keine Frustration über Ihr Noch-Alleinsein in den Vordergrund Ihrer Empfindungen schiebt. Erforschen Sie vor allem Ihre eigenen inneren Bewegungen und Berührungen, so gewinnen Sie mehr Klarheit und mehr Tiefe, und durch ein wachsendes Selbstverständnis wird sich auch Ihre Beziehungsfähigkeit weiterentwickeln.

Übung 12: Suchen Sie sich – als Paar oder als Single allein – einen geeigneten Platz in der Natur und nehmen Sie sich einen Moment Zeit, um in einer angenehmen Position und mit etwas körperlichem Abstand entspannt zu atmen und sich zu zentrieren. Öffnen Sie – jeder für sich – bewusst das Herz und achten Sie auf Ihre Körpergrenzen. Schließen Sie einen Augenblick lang die Augen und stellen Sie sich zunächst Ihre eigene Aura vor – ein wunderschöner subtiler Energieraum, der Sie umhüllt, ähnlich wie der Vorhof des Mondes, der manchmal nachts in Regenbogenfarben erscheint. Legen Sie sich nun eine Hand flach auf den Brustraum und stellen Sie sich Liebe darin wie ein sanftes Strömen vor. Genießen Sie die Stille und spüren Sie die leichte Ausdehnung Ihres Energiekörpers – innen wie außen. Stellen Sie sich vor, wie Ihr gesamtes Körper-Geist-Seele-System durchlässig wird wie ein ganz leichtes Seidentuch.

Beziehung auf Augenhöhe

Das Wichtigste in einer Partnerschaft – und auch sonst in allen zwischenmenschlichen Beziehungen – ist der gegenseitige Respekt, insbesondere der Respekt vor der Seele des anderen. Der Partner/die Partnerin wird auch in einer verbindlich gemachten Beziehung, wie einer Ehe, nicht zum Eigentum. Man sagt zueinander ja, aber man lässt sich auch frei. Ich erlebe immer wieder in der Arbeit mit meinen Klienten, dass dieses heilige Prinzip zwar mental verstanden, aber in der Praxis unbewusst missachtet wird. Es liegt meist keine Absicht darin, den anderen zu bevormunden, zu kontrollieren oder an ihm/ihr „zu zerren", denn man kennt es nicht anders. Schon die Eltern und Großeltern sind so miteinander umgegangen, haben einander gegängelt und übereinander verfügt. Die erwachsen gewordenen Kinder folgen diesem Beispiel, übernehmen die Verhaltensmuster, ohne sich dessen bewusst zu sein. Es fehlt das Gefühl der energetischen Grenzen, daher entstehen schnell Konflikte in Bezug auf eigenständiges Handeln und die Entscheidungshoheit.

Wenn Sie diese Tendenz in sich kennen, können Sie sicher sein, dass Sie und/oder Ihr Partner/Ihre Partnerin noch nicht vollständig „entkoppelt" sind vom Energiefeld der Herkunftsfamilie. Eltern oder Schwiegereltern liegen sozusagen mit im Ehebett, denn im intimen Bereich der Beziehung besteht die größte Empfindlichkeit und Störanfälligkeit. Als Paar können Sie vielleicht gar nicht konkret benennen, was da stört, aber Sie spüren es beide deutlich. Der energetische Einfluss der Prägung bleibt bestehen – seelisch, mental und sogar körperlich, also sexuell. Der Streit am Abend mag zu verkraften sein, aber wenn der Sex nicht gelingt, weil der energetische Raum nicht geschützt ist vor übernommenen inneren Vorbehalten, Abwehrmechanismen und vor allem vor emotionalen Mustern, entsteht viel Frust, Verletzung und Kränkung. Der Beziehungsraum ist nicht frei, und das fühlt sich in etwa so an, als würden Sie möbliert wohnen und keine eigenen gestalterischen Ideen umsetzen können. Gerade wenn Sie noch jung sind, entsteht dann schnell eine gewisse fühlbare Enge, die bedrückend und lähmend wirkt.

Im Fall fehlender Entkopplung genügt es nicht, sich nur bewusstzumachen, dass Ihre eine Erfahrungswelt elterlich durchdrungen ist, Sie müssen als Paar die Verstrickungen klären, das heißt das gute „Vermächtnis“ annehmen und das problematische „Erbe“ heilen oder bereinigen.

Übung 13: Nehmen Sie sich – als Paar oder als Single allein – bewusst Zeit, um in Ruhe gemeinsam zu reflektieren. Nutzen Sie dazu zu Beginn den Ablauf der **Grundübung**. Sie können dann, bei genügend Klarheit, Ihre Eindrücke und Empfindungen aussprechen und versuchen, nach deren Ursachen zu forschen. Wenn es Ihnen schwerfällt, die innere Balance zu halten, ist es vielleicht angenehmer, nicht weiterzusprechen, entspannt zu atmen und Augenkontakt zu halten. Sobald Sie auf ein „heißes Eisen" stoßen, vermeiden Sie es bitte, eine Diskussion zu beginnen, und legen Sie den Fokus vielmehr auf die Herzöffnung, um den Emotionen Raum zu geben, ohne einander Schuld oder Verantwortung zuzuweisen.

Ritual: Legen Sie sich gegenseitig eine Hand flach auf den Brustraum und senden Sie sich innerlich Liebesenergie zu – so stärken Sie die Unabhängigkeit Ihrer Paarverbindung.

Das Verarbeiten von psychologischen Konflikten und systemischen Verquickungen ist dabei nicht immer leicht, denn zunächst werden Sie es womöglich schwer finden, überhaupt zu unterscheiden, was Ihre eigenen Vorstellungen und Gedanken bzw. Gefühle sind und welche Überzeugungen ursprünglich zu Ihren Vorfahren gehören und insgeheim von Ihnen/Ihrem Partner abgelehnt werden.

Manchmal ist es notwendig, das fehlende Entkoppeln vom Elternhaus explizit nachzuholen. Hierzu kann es sinnvoll sein, einen kompetenten Experten um energetische Unterstützung zu bitten, damit sie als Paar im Ablöseprozess ganz bei sich bleiben können. Bedenken Sie: Die wirkenden Kräfte der Übertragung von den Ahnen können sehr massiv sein, und sie bestimmen letztlich ungewollt Ihr Beziehungs- und Lebenskonzept.

Systemisch denken

Wenn für eine beginnende Partnerschaft der Segen der Eltern fehlt, ist das Familiensystem blockiert. Meine Erfahrung ist, dass es ohne die Zustimmung der Eltern zu Konflikten kommt oder zumindest die Beziehung sich nicht unbelastet entwickeln kann. Es nützt nichts, sich darüber hinwegzusetzen, denn es besteht keine Harmonie. Die Frau oder der Mann sitzt „zwischen den Stühlen" und fühlt sich gezwungen, sich zu entscheiden: entweder oder. Sich zu dem Partner/der Partnerin zu bekennen bedeutet den Verlust des unbelasteten Eltern-Kind-Verhältnisses oder mindestens eine Unterkühltheit dieser Verbindung, die wehtut. Es gibt also keine Balance. Die Situation kann nicht „gewonnen" werden. Energetisch gesehen heiratet die Person, die nicht „gesegnet" wird, aber in das ablehnende Familiensystem[20] ein, insofern kann auch sie nicht unbeteiligt bleiben. Ein Beispiel aus meiner Praxis: Eine Frau berichtete einmal in einem Seminar, sie und ihre Schwester hätten in ihrer Jugend vom Vater nie die Erlaubnis bekommen, potenzielle männliche Freunde mit nach Hause zu bringen. Die „Kandidaten“ wären nie „gut genug“ gewesen. In dieser Verweigerung war schnell die Schwierigkeit des Vaters erkennbar, seine Töchter loszulassen.

Unabhängig davon wissen Eltern (auch Großeltern) manchmal mehr als man selbst, weil sie den Außenblick haben. Sie sind von Liebe zu ihren Kindern motiviert, für sie das Beste zu wünschen. Sie kennen ihre Kinder – und vor allem deren Entwicklung – besser als jeder andere, daher können sie womöglich auch eine relevante Prognose bei der Partnerwahl stellen. In unserer westlich-emanzipierten Kultur wird die Meinung der Eltern oft aber nicht in der Weise geschätzt. In anderen Kulturen zählt man per se von Anfang an auf die ehrliche Meinung der engsten Freunde und die ernsthafte Beschäftigung der Eltern mit potenziellen Partnern. Man wartet nicht, bis man als Paar alles allein geklärt hat, um die getroffene

---

[20] Siehe: Bert Hellinger: *Ordnungen der Liebe: Ein Kurs-Buch*; Carl-Auer 2013

Wahl dann im Familien- und Freundeskreis vorzustellen. Diese Form der involvierten Beteiligung an der Partnerwahl mag hierzulande fremd klingen, hat sich anderswo aber tausendfach bewährt. Am Ende trifft man dennoch selbst eine Entscheidung. (Ich spreche hier nicht von Kulturen, in denen Kinder verheiratet werden!) Dieses Einbeziehen setzt aber voraus, dass generell in den Lebensfragen so verfahren wird. Insofern möchte ich dies nur als Anregung an Sie weitergeben, darüber einmal nachzudenken, wie eng und unterstützend Ihre engsten Vertrauten sein könnten. Schlagen Sie Ihrem potenziellen Partner/Ihrer Partnerin einfach sehr früh vor, sich gemeinsam mit anderen zu treffen, um auch einen Eindruck innerhalb von Gemeinschaft zu erhalten. Eine solche Basis könnte auch später – wenn die Ehe dann einmal in der Krise steckt – nützlich sein, denn dann wird dieselbe Gemeinschaft vielleicht einen unterstützenden Support zur Verfügung stellen, weil bereits ein Vertrauen besteht.

Systemisch zu denken heißt, im größeren Zusammenhang zu denken und sich auch als Paar eingebunden zu fühlen in einen größeren Wert. Tendenziell bleiben in der westlichen Gesellschaft Paare meistens unter sich und sind so abgekoppelt von der sozialen Außenwelt. Natürlich bestehen Freundschaftskontakte oder Familientraditionen, aber in der Hauptsache leben Paare (mit oder ohne Kinder) für sich allein und machen demzufolge auch alles unter sich aus. Nicht selten spielt Scham dabei eine wesentliche Rolle: *In meiner Ehe ist alles okay!* – dieses Bild soll nach außen hin transportiert werden. Außerdem empfinden viele eine Einmischung von außen als unangenehm, empörend oder beleidigend. Daher drehen sich Paare normalerweise bei Konflikten jahrelang im Kreis, nachdem sie zu dem Problemthema anfangs schon alles gesagt haben. Da an ihre Auseinandersetzungsform „keine Luft kommt", also keine Außenmeinung, kein Feedback, kein Rat und letztlich überhaupt kein Input, geschieht auch immer wieder dasselbe: Man einigt sich nicht und die Kluft wird von Jahr zu Jahr größer. Man erschöpft selbst, man erschöpft sich gegenseitig, dann wird man sich leid und irgendwann geht die Liebe verloren.

Oftmals laufen im Unbewussten „Programme" ab, die destruktiv wirken, ohne dass eine bewusste Absicht dahintersteckt. Dazu gehören vor allem Abhängigkeitsverhältnisse – die auch zwischen schon erwachsenen Kindern und Eltern bestehen können.

TIPP: Es ist eine Überlegung wert, einmal auf Vater oder Mutter zuzugehen und zu fragen: *Was siehst du denn in diesem Menschen, den ich liebe? Wie fühlt sich die Verbindung für dich an? Wie denkst du über sie?* Oder andersherum: *Warum bist du denn gegen meinen Partner? Weshalb rätst du mir ab oder in Bezug auf jemand anderen zu?* Diese offene, interessierte Haltung ist eine Alternative dazu, den Partner/die Partnerin vor den Eltern schützen oder verteidigen zu wollen.

Ich kenne viele Geschichten, in denen das Ende einer Beziehung erst möglich wird, wenn einer oder beide Partner innerlich „zerstört" sind. Männer und Frauen tun sich gegenseitig auf unglaublich direkte oder auch subtile Weise weh – manchmal viel mehr und „selbstverständlicher" als sonst in sozialen Beziehungen. Es wird nicht nur physische Gewalt angewendet, sondern vor allem seelisch-psychische Gewalt – in Form von Worten, Intrigen oder emotionalen Übergriffen. Es gibt längst nicht nur Burn-out-Situationen im Arbeitsleben, sondern gerade in Beziehungen. Erst, wenn die unentdeckten Programme, Muster oder karmischen Dynamiken erkannt, akzeptiert und gelöst werden, kann Frieden entstehen zwischen den Beteiligten. Gute Vorsätze, die Dynamik nicht zu bedienen, sind meist total wirkungslos, weil das Problem

(Programm) nicht mental ist, sondern seelisch-karmisch, psychisch-traumatisiert und energetisch, das heißt als Information im Körperzell-System.

Modelle des Zusammenlebens

Es gibt in der heutigen Zeit eine Vielzahl von neuen Beziehungsmodellen, das Bekannteste ist die Patchworkfamilie[21]. Es geht in modernen Partnerschaften nicht nur darum, sich aus althergebrachten Traditionen zu lösen, um freier zu werden, sondern auch darum, sich funktionierende Gestaltungsräume zu erschließen, um einerseits dem Freiheits- und Individualitätsdrang zu entsprechen und andererseits auch basal verbindliche, sichere „Container" zu schaffen – besonders für die Kinder. Patchwork-Situationen unterscheiden sich insofern gravierend von klassischen Scheidungsmodellen, als die neu hinzukommenden Partner gleichwertig in die Konstellationen integriert werden. Was ich häufig beobachte, ist die positive Tendenz, diese neuen Partner nicht auszuschließen und Expartner nicht zu „bekämpfen" oder auf Distanz zu halten. Der friedliche Umgang der Erwachsenen – vor dreißig oder vierzig Jahren noch undenkbar – kommt den

[21] Auch: Mischfamilie/Stieffamilie (dritthäufigstes Familienmodell nach der Kernfamilie und der Ein-Eltern-Familie).

Kindern sehr zugute, die sich nicht mehr klar „für oder gegen“ entscheiden müssen, sondern zu allen einen guten Kontakt halten dürfen.

Doch auch andere unkonventionelle Konzepte stehen neuerdings im Raum: Ich kenne ein Paar mit gemeinsamen Kindern, das klar entschieden hat, nicht zusammen zu wohnen. Diese Lösung ist für das Paar entspannt, denn die beiden Menschen pflegen einen sehr unterschiedlichen Lebensstil und haben so ein ausgelotetes Nähe-Distanz-Verhältnis für sich gefunden. Sie leben in zwei Wohnungen, die fußläufig leicht zu erreichen sind, und die Kinder pendeln im wöchentlichen Wechsel. Von außen gesehen käme niemand auf die Idee, dass sie sich so entschieden haben, denn die Authentizität als Familie strahlt überzeugend auf die Umgebung aus.

Sich von gesellschaftlichen Konditionen freizumachen und kreative, individuelle Lebensformen für sich zu entwickeln, ist eine große Chance. Man muss nur den Mut haben, etwas Neues auszuprobieren, um in einer guten, nährenden Beziehung leben zu können. Auch wenn es dafür keinerlei Garantien gibt und man nicht die Stiftung Warentest befragen kann, lohnt es sich, sich für die persönliche Freiheit einzusetzen. Dabei besteht oft die Frage, was angemessen ist: Ich kenne ein altes Paar, das sich erst spät kennengelernt hat – nach vielen Beziehungserfahrungen – und nicht zusammenzieht, weil inzwischen auf beiden Seiten viel Eigenständigkeit besteht und innerer Frieden. Diese Entscheidung hat eine Basis. Aber es gibt im Gegensatz dazu unklare Fälle, beispielsweise junge Paare, die sich aus Unsicherheit nicht dazu entschließen, gemeinsam zu wohnen. Sie haben noch nicht die Klarheit, sich verbindlich zu machen. Man kann also verschiedene Fälle nicht am Beziehungsmodell beurteilen. Der Lebenskontext spielt eine Rolle, zum Beispiel die berufliche Planung, aber auch die individuelle Konstitution. Eine Frau, die hochsensibel ist, mag aufs Land ziehen wollen, um sich dieser Besonderheit ihrer Veranlagung wegen der starken Reizüberflutung in der Stadt zu entziehen. Die Großstadt hat sie vielleicht krank gemacht und sie hatte einen Burn-out. Ihr Partner mag aber in der Stadt bleiben, weil seine Kinder aus erster Ehe dort leben. Sie besuchen sich und verbringen gemeinsame Zeit an beiden Wohnorten. Sie lieben sich und genießen den Wechsel zwischen ländlicher Ruhe und Kultur in der Metropole.

Partnerschaften sind keine ökonomischen Verbindungen – heute noch weniger als in früheren Generationen, als Frauen noch unabhängiger waren und die Ehe und Familie vor allem ein Konzept zum Überleben war.

TIPP: Beraten Sie sich als Paar über Ihre gemeinsamen Zukunftsvorstellungen. Vermeiden Sie es, Unterschiede sofort mit der Angst vor einer Trennung zu verbinden. Suchen Sie vielmehr nach einer unkonventionellen Lösung, die nur für Sie beide gelten muss. Es gibt keinen Grund, von vornherein nur die Konzepte für möglich zu halten, die Sie allgemein kennen. Sie bestimmen allein über Ihr gemeinsames Leben.

Natürlich müssen auch heute noch finanzielle Grundlagen vorhanden sein oder wenigstens Versorgungsalternativen existieren, gerade wenn Kinder dazugehören. Doch im Allgemeinen stehen heute Frauen genauso wie Männer mit beiden Beinen selbst im Leben. Umso mehr verschieben sich auch die Werte, die in Beziehungen angestrebt werden, in Richtung Individualität und Gestaltung. Selbstausdruck gehört heute zu den wesentlichen Errungenschaften, daher werden auch ganz andere Überlegungen angestellt, wenn es darum geht, eine Beziehungsform zu finden, die beiden Partnern ermöglicht, sich frei und möglichst unterstützt zu entwickeln. Dies erfordert dann bei beiden Menschen neben einem zugewandten Interesse auch die Bereitschaft und den Mut, risikovollere Wege zu gehen als vielleicht noch ihre Eltern und Großeltern.

Unter Menschen sein

Zu einer guten Voraussetzung in Beziehungen gehört auch, dass die beiden Menschen – Frau und Mann – jeweils mit dem eigenen Geschlecht im Frieden sind. In unserer westlichen Kultur wird diesem Aspekt normalerweise selten Aufmerksamkeit geschenkt, denn es gibt kaum noch Räume, die explizit dafür vorgesehen sind, das Frausein unter Frauen und das Mannsein unter Männern zu pflegen. Frauen- und Männerkreise können aber sehr nährend sein, denn die sie unterscheidenden weiblichen und männlichen Qualitäten werden im gleichgeschlechtlichen Umgang deutlicher gespiegelt und bestätigt. Um die Weiblichkeit und Männlichkeit getrennt zu feiern und zu bestärken, braucht es feste Rituale. Daher ist es von Bedeutung, sich an entsprechende Vorbilder aus der Historie zu erinnern, auch wenn das im normalen Alltagsbewusstsein nicht mehr zu finden ist: Alles bezieht sich von vornherein auf das Zusammensein von Frau und Mann, und meistens wird alle Erfüllung auch nur dort gesucht. Kein Wunder, dass es schnell zu Überforderungen kommt. Wie Yin und Yang gehören sie zwar ergänzend und harmonisierend zusammen, doch wenn der ganze Fokus immer nur auf der Dialogfähigkeit der männlichen und weiblichen Qualitäten liegt, die naturgemäß auch Reibung und Spannung bedeutet, kann es sein, dass sich ein Paar mehr oder weniger damit konfrontiert sieht, sich gegenseitig bestätigen zu sollen oder eben voreinander zu rechtfertigen.

Die Erfahrung zeigt, dass Männer und Frauen ausgeglichener sind, wenn sie einen Teil ihrer Zeit mit Menschen des eigenen Geschlechts verbringen. Wenn sie darin genug Bestätigung für sich finden, ist es nur logisch, dass sie sich in der Partnerschaft gegenseitig weniger dazu auffordern oder voneinander erwarten müssen, als Verkörperung des jeweils andersgeschlechtlichen Prinzips anerkannt zu werden. Das heißt natürlich nicht, dass es um Klischees geht: Männer gehen jagen, Frauen machen den Haushalt. Und doch gibt es natürliche Schwerpunkte, die unübersehbar schon immer so sind: Die Frau ist ein hoch emotionales Wesen und möchte ihre Gefühle ausreichend zum Ausdruck bringen. Der Mann ist dagegen in erster Linie zufrieden, wenn er Taten vollbringen kann. Erst wenn beide nicht mehr um gegenseitige Anerkennung ringen, kann ihre Verbindung aufgrund dieser wunderbaren Unterschiedlichkeit überhaupt fruchtbar sein, ob nun im Sinne von gemeinsamen Kindern oder ganz allgemein einem miteinander gestalteten Leben mit konkreten Projekten oder Anliegen. Aber nicht nur Frauen- und Männerkreise sind wichtig, sondern überhaupt ausreichend

Kontakt zu anderen Menschen, mit denen ein seelischer, geistiger und energetischer Austausch stattfindet. Paare, die fast ausschließlich auf sich selbst bezogen bleiben, außer den Kollegen meistens niemanden sonst treffen oder sich generell außer dem Partner gegenüber niemandem öffnen und mitteilen, fordern voneinander sozusagen alles! Nur dieser eine Mann, nur diese eine Frau soll dann alles geben, was man braucht. Das kann nicht lange gut gehen! Jeder Mensch braucht mehr Inspiration, mehr Perspektiven und Sinnplätze als nur das, was zu Hause möglich ist. Wer sich beispielsweise als Single von Herzen einen Partner wünscht, tut gut daran, Freundschaften zu pflegen und am Leben vollständig teilzunehmen, statt sich wie „nur halb" zu fühlen und zu Hause zu warten, dass endlich jemand ins Leben tritt. Die Welt geht ja uns alle an, ob mit oder ohne Partner, und den Reichtum des Lebens auch mit und unter vielen Menschen zu erleben und dort beizutragen, hilft nicht nur, der Einsamkeit vorzubeugen, sondern lässt den Single sich auch vollständig fühlen, solange noch kein Partner da ist.

Kontakt ist eine nährende Möglichkeit, denn unsere Seele ist so beschaffen, dass sie im Austausch sein will. Man muss also genügend davon haben, um erfüllt und glücklich zu sein. Das ist ähnlich wie beim Urlaub: Wenn er nicht lang genug ist, regeneriert der Mensch nicht und kommt so ausgelaugt zurück, wie er losgefahren ist. Aber der Sinn von Urlaub ist ja Erholung und Vitalität – wie der Sinn allen Menschseins unter Menschen Verbundenheit und Ausdruck ist. Wenn wir mit unserem Partner/unserer Partnerin immer nur allein sind, drehen wir uns immer nur um uns selbst und erschöpfen einander. Die soziale und kulturelle Einbindung gibt uns viel mehr Aufschluss über die Person des Partners/der Partnerin: Wie bewegt sich der/die Partner/in mit anderen? Mit Kindern, mit Älteren, mit Fremden? Ist er/sie rücksichtsvoll und hilfsbereit, extrovertiert oder introvertiert? Wie sehr ist er/sie an Menschen interessiert?

Ich lernte einmal einen Mann kennen, dessen Eltern eine Ehe geführt hatten, die von Schmerz, Leid und Drama geprägt gewesen war. Er, der als Kind extrem gelitten hatte, führte nun selbst eine Ehe, deren Gelingen er sich unbewusst verweigerte. *Für eine Frau gebe ich mich nicht auf! Ich mache nie, was sie sagt!* lautete sein innerer Widerstand. Er war ein leidenschaftlicher Gärtner, doch er ließ den Garten verkommen, nur um nicht das Gefühl zu haben, „nur der Gärtner“ für sie sein zu müssen. Die Frau selbst gab ihm gar keinen Anlass, doch seine verallgemeinernde Projektion war zu stark, um durch sie hindurch seine Frau wirklich zu erkennen. So brachte er sich um seine eigene Freude und „bestrafte“ seine Frau. Er war im Prinzip innerlich nicht wirklich „zu haben“, um Schmerzen zu verhindern. Das war besonders traurig, weil seine Frau ihn wirklich sehr liebte. Als er in einem meiner Seminare saß, berührten ihn besonders die Heilungsmeditationen, und im weiteren Verlauf erkannte er, wie sehr er sich von seinem männlichen Kern abgeschnitten hatte, nur um „geschützt“ zu sein. Er arbeitete daran, seine männlichen Qualitäten auszudrücken und sein Herz offen zur Verfügung zu stellen. Erst jetzt konnte er sich seiner Frau wirklich zuwenden.

Es ist erstaunlich, wie häufig sich die Dynamiken ähneln: Zum einen folgt man Klischees, dass Frauen/Männer so und so seien, zum anderen werden Beziehungskonflikte oft mit erstaunlicher Härte, ja fast schon „juristisch“ verhandelt. Man benutzt Alibis, verteidigt sich, holt sich fremden Zuspruch über andere, die dann als „Anwälte“ herhalten sollen, beispielsweise die eigenen Ahnen, deren Muster und Prägungen einem unbewusst den Rücken „freihalten“. In Konfliktgesprächen kommt es aber ganz darauf an, die eigene Aufmerksamkeit auf das individuelle Zerwürfnis zu richten, statt sich auf Vater oder Mutter zu berufen oder mit den Meinungen anderer zu argumentieren. Auch in dieser Hinsicht sind die besseren Freunde gefragt, die einem nicht zu Munde reden, sondern Schwachstellen wie Potenziale spiegeln. Der unterstützende Austausch mit anderen Menschen ist oftmals eine gesunde Basis für Paare in kritischen Situationen, und ganz allgemein fördert es die Paarbeziehung, wenn man nicht nur immer zu zweit bleibt, sondern in einem sozialen Netz eingebunden ist.

TIPP: Sie können – als Paar oder als Single allein – eine Landkarte Ihrer gemeinsamen und alleinigen sozialen und familiären Netzwerke auf ein großes Papier zeichnen, so sehen Sie am besten, ob Sie zu zweit und auch allein über ausreichend Außenkontakte verfügen. Sie erkennen bildlich vielleicht schneller, wo Sie als Frau und Mann jeweils gut eingebunden sind und wo eventuell „Lücken klaffen".

Sich verbindlich machen

Als Mensch in der heutigen modernen Welt müssen wir uns daran erinnern, dass es sich bei einer Liebesbeziehung oder auch einer Ehe nicht mehr nur um eine Tradition handelt, sondern um eine Entscheidung unseres Herzens, die wir freiwillig treffen – nicht wie früher, als Ehen noch arrangiert wurden von den Eltern und in die man sich zu fügen hatte. Das ist ein großer Fortschritt und bedeutet im

Vergleich, rückblickend also, auch eine große Freiheit. Das heißt aber auch, dass wir selbst verantwortlich sind für unser Glück und dass wir unsere Wahl bewusst treffen müssen.

Die Fragen, denen wir uns widmen können, um hier zu einer größtmöglichen Klarheit zu kommen, zielen daher erst einmal auf uns selbst, wie in diesem Buch im ersten Kapitel schon angedeutet: *Wie bin ich in meinem Leben ausgerichtet? Welche Werte sind mir wichtig? Welche Bedürfnisse habe ich und was möchte ich erleben?* Es ist wichtig, sich mit dem Partner/der Partnerin darüber auszutauschen, damit die Dinge nicht selbstlaufend in Konflikt geraten. Der eine will Kinder, der andere nicht. Der eine pflegt einen ständigen Umgang mit den Eltern und Geschwistern, der andere besucht seine Familie nur zweimal im Jahr. Der eine braucht viel sozialen Kontakt, um sich im Trubel wohlzufühlen, der andere hält gerne Abstand, weil er die Ruhe liebt. Hinzu kommen berufliche Perspektiven, persönliche Interessen und nicht zuletzt die Lebensart. Es gibt tausend Dinge zu besprechen, wenn es darum geht, zusammen leben zu wollen – auf Dauer –, und dafür ist die innere Klärung in einem selbst die Ausgangsvoraussetzung. Nur wer sich selbst gut kennt, kann sich auch offen und ehrlich mitteilen, nicht tricksen.

Ich weiß aus eigener Erfahrung, wie schwierig es werden kann, wenn die Karten nicht offen auf dem Tisch liegen. Es nützt nichts, mit konfliktträchtigen Aspekten hinterm Berg zu halten, denn es kommt garantiert der Zeitpunkt, wo wir Farbe bekennen müssen. Und nicht nur das, wahre Intimität gedeiht nur da, wo zwei Menschen aufrichtig miteinander sind und sich gegenseitig erklären können. Das ist viel wertvoller, als darauf zu hoffen, dass die Sache „schon irgendwie gut gehen wird“. Bei allem Abwägen mag es ein Vorteil sein, möglichst viele Übereinstimmungen zu haben, aber die meisten Beziehungen scheitern nicht an unterschiedlichen Interessen oder Meinungen, sondern an einer gestörten Kommunikation und blockiertem Liebesfluss – letztlich an den Herzen, die sich füreinander nicht vollständig öffnen (können).

Ich kenne Paare, die mehr Zeit damit verbracht haben, um Verbindlichkeit zu ringen, als diese zu genießen und darauf aufzubauen. Selbst solche, die sich am Ende doch nicht für den gemeinsamen Weg entschieden, aber bis dahin viel zu lange miteinander unglücklich waren. Die Widerstände und Verschiedenheiten als Ursache sind oft ähnlich: Der eine will heiraten, der andere nicht. Für den einen ist es die große Liebe, für den anderen nicht. Kinder wollen oder nicht wollen, Karriere machen oder einfach nur leben. Bei nicht wenigen besteht von Beginn an eine Grundskepsis oder ein tieferes Misstrauen, und doch bleiben sie „irgendwie“ zusammen, heiraten vielleicht sogar, schieben die Zweifel einfach weg und überlassen ihr Glück dem Zufall. Selbst jahrelanger Streit hält sie nicht davon ab, aneinander festzuhalten, ohne dass sie genauer sagen könnten, warum. *Sollen wir oder lieber doch nicht?*

Wenn ein Paar über diese Phase der Unsicherheit auf Dauer nicht hinauskommt, ermüdet die Liebesbeziehung und beide Partner können sich nicht entfalten. Wenn Sie das aus Ihrem Leben so kennen, dann erinnern Sie sich bestimmt auch daran, wie zäh sich das Miteinander anfühlen kann. Es ist, als würden beide keinerlei Erkenntnis für sich gewinnen, aber auch nicht den Mut aufbringen, der gemeinsamen Zukunft eine klare Absage zu erklären. Vielleicht haben Sie es auch so erlebt: Der eine zieht sich immer mehr zurück, während der andere immer fester und fordernder auftritt. Sowohl die ewig Wankelmütigen als auch die Co-Abhängigen werden dann miteinander nicht glücklich. Umso merkwürdiger ist es, wenn dann trotzdem immer größere Projekte gemeinsam in Angriff genommen werden: Häuser werden gekauft. Man gibt seinen Job auf. Es kommen Kinder. Man verschuldet sich.

Warum? Sollten diese Entscheidungen das innere Wackeln etwa verschwinden lassen?

Natürlich bedeutet Beziehung im Alltag auch, Kompromisse zu machen, sich zu einigen und immer wieder auszuloten, was der eine und der andere braucht, um seine eigene Balance zu halten. Doch in der Entscheidungsphase, bevor man sich verbindlich macht oder im klassischen Fall zur Ehe entschließt, sollte nicht vorausgesetzt werden, dass sich das gemeinsame Arrangement irgendwie von selbst ergeben wird. Wenn schon in der Zeit davor zu viele oder grundsätzliche Zweifel bestehen, sollten genau diese tiefer beleuchtet werden, um sie entweder auszuräumen oder letztlich doch einer ablehnenden Antwort zugrunde zu legen. Es genügt also nicht, den Partner/die Partnerin einfach nur „haben" zu wollen, weil die Person vielleicht so attraktiv ist oder so anziehend wirkt. Die ernsthafte Entscheidung füreinander entsteht am besten aus einem wirksamen Zusammenspiel aus kognitiven Überlegungen und tieferer seelischer Einstimmung. Auch wenn Verliebtheit – die nicht selten wie eine Blendung irreführt – angeblich eine Sache des Herzens ist, ist die tiefere und wirklich entscheidende Stimme im Herzen auf eine übergeordnete Weise deutlicher – oder besser gesagt: absolut nüchtern: *Das ist der richtige Mann für mich! Das ist die richtige Frau für mich! Mit diesem Menschen möchte ich mein Leben verbringen!*

Vielleicht sind Sie derzeit in einer festen Beziehung oder sogar verheiratet und stellen nun bedauernd fest, dass Sie sich nicht in dieser Weise vorbereitet hatten und nun vor einer Menge Problemen stehen, die sich hätten vermeiden lassen, wenn Sie vorher besser reflektiert hätten. Vielleicht sind Sie aber auch gerade Single und können sich nun viel besser auf eine nächste Beziehung vorbereiten. An welchem Punkt Sie auch gerade stehen, es ist nie zu spät, sich bewusst mit der jetzigen Situation auseinanderzusetzen.

TIPP: Sie können zu jedem Zeitpunkt damit beginnen, sich tiefere Fragen zu stellen, um zu klären, inwieweit Sie und Ihr Partner/Ihre Partnerin (auch zukünftige, wenn Sie noch Single sind) zusammenpassen bzw. nicht zusammenpassen. Viel wichtiger als diese Klärung ist aber, dass Sie in Ihr Herz lauschen: *Ist das der richtige Partner/die richtige Partnerin für meine Seele? Ist das die Person, die für den Rest meines Lebens an meiner Seite sein soll?*

Sich verbindlich zu machen, ist keine einmalige Entscheidung. Vielmehr ist es sinnvoll, ein gegenseitiges Commitment regelmäßig zu wiederholen und zu bekräftigen, wenn sich die Beziehung noch stimmig anfühlt. Das bedeutet natürlich nicht, einfach leichtfertig von Scheidung oder Trennung zu sprechen, nur weil der Haussegen einmal schief hängt. Regelmäßige Verabredungen zum gemeinsamen Gespräch sind ein guter Anfang, die Dinge nicht ihrem Selbstlauf zu überlassen. Jede Partnerschaft braucht Updates, denn das Leben bleibt ja nicht stehen und man selbst verändert sich, besonders in langjährigen Beziehungen. Dann kommt es darauf an, vielleicht neue Vereinbarungen zu treffen oder der jeweiligen Entwicklung eine Chance zu geben.

Die Hawaiianer pflegen ihre Beziehungen in ritueller Weise. Sie treffen sich zum Beispiel an ihrem Hochzeitstag nicht einfach nur zum teuren Essen oder Kulturprogramm, sondern geben sich gegenseitig die Gelegenheit, das vergangene Jahr zu betrachten. Sie bedanken sich beieinander für die Unterstützung, sprechen Lob aus und Kritik – ermitteln gemeinsam, welchen Stand ihre Liebe im Augenblick hat: *Wie geht es meiner Seele und meinem Körper mit dir? Was sagt mein Herz?* Sie sprechen offen über das Schöne wie das Schwierige und überlegen gemeinsam, welche Lösungen es für Probleme geben kann, zu denen beide bereit sind. Sofern sie sich auf dieser Basis darin einig sind, die Partnerschaft fortzusetzen, bekräftigen sie feierlich das Bündnis von Neuem. Sie nehmen sich vor, Dinge besser zu machen, beschließen gemeinsam, woran sie im folgenden Jahr arbeiten wollen, und bringen die Gestaltung ihrer gemeinsamen Zeit aktiv auf den Weg. Sie tun das seit Generationen, denn dieses Ritual gehört zu ihrer Beziehungspflege – und hat sich bewährt!

Dieses Vorbild hat mich bei meinen Aufenthalten auf Hawaii von jeher besonders berührt, weil ich die Menschen vor Ort in einer großen Innigkeit erlebte, die mich wirklich überzeugt hat. Wir können viel von ihnen lernen, zum Beispiel, dass sie einander ernst nehmen und sich für das interessieren, was den anderen beschäftigt. Das heißt vor allem, für den anderen verbindlich da zu sein, zur Verfügung zu stehen, aber den anderen dabei nicht zu besitzen oder sogar sich selbst unfrei zu fühlen. Sie legen weniger Wert auf Äußerlichkeiten und sind vielmehr innerlich verbunden, und sie begegnen der anderen Seele mit tiefem Respekt. Diese klare Ausrichtung zeigt eindeutig in die Richtung, die wir Menschen uns eigentlich alle wünschen und ersehnen: in unseren intimen Beziehungen gut aufgehoben und erfüllt zu sein und uns gegenseitig ein Zuhause zu schenken.

Verliebtheit als Elixier

Der mentale Einstieg in einer Beziehung darf nicht verdeckt werden vom Verliebtsein. Die vorausgehenden Überlegungen und der gemeinsame Austausch sollten von den berühmten Bauch-Schmetterlingen unabhängig bleiben, denn diese Basis soll ja zu jeder Zeit gelten, vorausgesetzt, man macht sich bewusst über sein Leben Gedanken, erforscht in sich die eigenen Lebenskonzepte und Lebensstrategien und zieht Schlussfolgerungen daraus zur zukünftigen Lebensgestaltung. Über diese Gestaltung muss sich ein Paar einigen können, ohne sich dabei ausschließlich auf die erotische Anziehung oder die „Frühlingsgefühle" zu verlassen. Verliebtheit ist ohne Ausnahme immer eine endliche Phase, davon ist kein Paar ausgenommen. Kein Mensch kann seine Verliebtheitsgefühle auf Dauer unverändert aufrechterhalten. Das, was danach kommt, muss sich also auf die Verbindlichkeit stützen, die mehr ein bewusster klarer Beschluss ist als ein Blick durch die rosa Brille.

Verliebtheit ist zu großen Teilen hormonell bedingt. Diese stoffliche Grundlage verändert sich im Laufe der Zeit. Gute langlebige Beziehungen werden nicht auf der instinktiven archaischen Ebene geschlossen – wo es um Eroberungen geht. Dennoch muss die „Chemie stimmen".

Das gilt es zu unterscheiden. Die wenigsten haben den Mut, sich dieser Veränderung zu stellen, die meisten haben Angst oder wechseln gleich den Partner, weil sie die schwindende Verliebtheit für ein „schlechtes Indiz" halten. Doch wie das ganze Leben einen zyklischen Verlauf hat, sind auch Beziehungen verschiedenen, aufeinander folgenden Phasen unterworfen. Das muss sich nicht automatisch in einer Krise äußern, doch für viele bedeutet schon allein die Tatsache, dass sich etwas verändert, eine Bedrohung.

In der Phase des Verliebtseins sieht man fast nur die positiven Seiten des Partners/der Partnerin – man genießt seine/ihre Schönheit und Großartigkeit. Man sieht sozusagen in ihm/ihr den Engel. Darüber sollte aber keine Illusion entstehen, denn logischerweise hat jeder Mensch Stärken und Schwächen, auch wenn wir sie gerade im anderen nicht wahrnehmen. Und wir selbst zeigen uns ja auch von der besten Seite, denn Verliebtheit gibt uns einen Schub, der uns nahezu über uns hinauswachsen lässt. Diese aufregende und berauschende Emotion erleben wir übrigens nicht nur mit einem Partner, sondern manchmal auch, wenn wir beruflich erfolgreich sind, einer Leidenschaft folgen, oder letztlich erlebt sie jede Mutter im

Augenblick der Hingabe während der Geburt (trotz der Schmerzen).

Wie Kinder erfahren verliebte Menschen die Leichtigkeit des Lebens und sinken so in eine Art „paradiesischen" Zustand. Dieses Geschenk hat die Kraft, sie zu motivieren, sich für ein erfüllendes Leben zu entscheiden und auf Herausforderungen vorbereitet zu sein. Wer nicht wagt, der nicht gewinnt. Jede Verliebtheit ist eine heilsame Gnade, die uns daran erinnert, wie sich Nähe im Höchstmaß anfühlt. Man bekommt – trotz schlechter Erfahrungen – wieder den Bezug zum eigenen seelischen Urzustand und der Intimität der Verschmelzung, wie sie früher mit der eigenen Mutter erlebt wurde. Das erzeugt eine Erfahrung der Sattheit, die uns dazu befähigt, uns auf eine gemeinsame Reise einzulassen – in dem sicheren Wissen, dass Hürden zu nehmen sein werden, aber auch überwunden werden können. Die Natur hat es so eingerichtet, dass wir auf eine herrliche Art und Weise eingeladen werden, zu einer Beziehung ja zu sagen, die garantiert auch schwierige Phasen haben wird. In der Bibel gibt es dazu ein einleuchtendes Vorbild: Adam und Eva lebten zuerst im Paradies und wurden genährt von ihrer Liebe, und erst dann mussten sie das Schlaraffenland verlassen und ihr Leben selbst bestreiten. Ähnlich ist der Zustand des Verliebtseins zu verstehen: als die Innigkeit, die uns im späteren Zusammensein als innere Referenz[22] leitet und ermutigt.

Mit oder ohne Beziehung werden Sie im Leben immer wieder ein möglichst gutes Emotionen-Management betreiben müssen. Wenn Sie sich selbst und Ihrem Partner/Ihrer Partnerin gegenüber ehrlich und offen bleiben, werden Sie mehr Spielraum haben für wechselnde Gefühlslagen oder sogar emotionale Tiefpunkte. Sie können sich aufgrund der inneren Referenz der Leichtigkeit – aus der Verliebtheitsphase – darauf verlassen, dass in Ihnen ein leichtes Herz schlägt, auch wenn die situativen Umstände einmal bedrückend sein sollten. Dass Ihre Gefühle sich ändern oder schwanken, ist ganz normal, das bedeutet aber nicht sofort eine Bedrohung für Ihre Partnerschaft, denn Sie wissen: *Mein Partner/meine Partnerin steht auf meiner Seite des Spielfeldes, nicht gegenüber.*

Jede Beziehung wird, wie alles andere im Leben auch, durch Hochs und Tiefs gehen.

---

[22] Referenz ist eine im Zellgedächtnis gespeicherte Erfahrung, auf die man zurückgreifen kann als eine Gewissheit, auch wenn situativ keine dazu passenden Gefühle vorhanden sind. Sie garantieren den Erfahrungswert als solches.

Übung 14: Gehen Sie vor wie bei der **Grundübung** – als Paar oder als Single – und stellen Sie sich innerlich folgende Fragen: *Was bin ich bereit, für ein gemeinsames Glück zu tun? Auf welchem Fundament (Energiequelle) fühle ich mich krisensicher? Welche Substanz bringe ich in die Beziehung ein?* Tauschen Sie sich anschließend über Ihre Ergebnisse aus, oder notieren Sie diese ggf., wenn Sie die Übung allein gemacht haben.

Krisen sind normal, daher ist es hilfreich, diese Übung auch dann zu nutzen, wenn Sie derzeit keine Probleme sehen und sich in Ihrer Partnerschaft wohlfühlen bzw. verliebt sind. Genießen Sie diesen Zustand und betrachten Sie diese Übung als präventive Vorarbeit für den Fall der Fälle – so sind Sie bestens vorbereitet auf Stürme und Flauten.

Anziehung und Intimität spüren

Wie wir bereits gesehen haben, gibt es verschiedene Erklärungen dafür, dass sich zwei Menschen zueinander hingezogen fühlen – es kann eine karmische Anziehung bestehen, aber auch eine psycho-dynamische oder eine erotisch-biologische. Verschiedene Gründe und Ursachen führen also zu dem Gefühl, dass die „Chemie stimmt". Doch dies kann eben täuschen. Es gibt noch eine andere

Art der Attraktion, die mit den Augen des Herzens angeschaut werden kann. Hierbei spielt die Herzensverbindung die größere Rolle, denn die Seele gibt ihr eine tiefere Bedeutung.

So, wie Sie in der energetischen Selbstanalyse Ihr eigenes Wesen erkennen und betrachten können, ist es auch möglich, Ihren Partner/Ihre Partnerin vor allem in seiner/ihrer Seelenqualität zu erfassen. Wenn Sie zu diesem inneren Kern vordringen, werden Sie am ehesten zu dem sicheren Gefühl kommen, ihn/sie wirklich zu kennen und genau so schön, liebenswert und attraktiv zu finden – in seiner/ihrer zeitlosen und formlosen Art, die nicht vergeht. Wenn Sie aus dieser Perspektive auf den Menschen an Ihrer Seite schauen, werden Ihnen auch andere äußere Formen nur als Struktur erscheinen – beispielsweise die Hochzeit, bei der es in erster Linie nicht um die Feier geht, sondern um das heilige Bekenntnis zwischen Ihnen und Ihrem Partner/Ihrer Partnerin.

Die Tiefe gegenseitiger Anziehung ist immer von der Offenheit beider Herzen abhängig. Echte Anziehung wirkt also nur dann, wenn beide Partner gleichermaßen zugänglich und erreichbar sind, sich bedingungslos aufeinander einlassen und einander zusprechen – sie steht nicht infrage.

Übung 15: Nehmen Sie sich einen Augenblick Zeit und kommen Sie mit einigen tiefen Atemzügen innerlich zur Ruhe. Vielleicht haben Sie ein Foto Ihres Partners/Ihrer Partnerin zur Hand oder, wenn Sie Single sind, stellen Sie sich die Person einfach vor. Betrachten Sie das Gesicht mit offenem Herzen und weichem Blick. Schließen Sie jetzt die Augen und fühlen Sie in das Herz der Person hinein. Lassen Sie sich empathisch berühren von dem inneren Wesen, das Sie lieben und von dem Ihr inneres Wesen geliebt wird. Wenn Sie mögen, notieren Sie anschließend Ihre Eindrücke und Gefühle.

Bei einer einseitigen Anziehung besteht dagegen von Anfang an eine Schräglage, die sich um das Thema Annahme und Ablehnung dreht. Oder wenn die Partner sich nur mit Vorbehalten einander zuwenden, sind Dynamiken aktiv, zum Beispiel Erwartungshaltungen und Anpassungsdruck. Energetisch fühlbar wird über den (begrenzten) Grad der Offenheit mehr oder weniger eine Einladung oder Ablehnung signalisiert.

Intimität ist erst möglich, wenn die beiderseitige Anziehung der Seelen tatsächlich begründet ist. Es wäre komplett verdreht, sich nach außen auf den Partner zu richten und von ihm zu erwarten, dass er etwas tut, damit in einem selbst eine Öffnung erfolgt. Ich erlebe es oft bei Klienten, dass sie bewegt werden wollen, sich aber selbst nicht bewegen. Sie wollen Tiefe erleben, bleiben aber an der Oberfläche. Sie wollen Liebe, sind aber voller Vorbehalte. Wollen überzeugt, ja nahezu überwältigt werden, obwohl sie sich nicht hingeben können. Sie nehmen damit – meist unbewusst – eine kindliche Haltung des Versorgt- und Bekümmert-werden-Wollens ein: Sie wollen nichts riskieren, aber alles haben. Bedingungslose Liebe existiert für sie nicht, und trotzdem sind sie von der Sehnsucht danach getrieben.

Wenn Sie sich an diesem Punkt betroffen fühlen, könnten Sie im nächsten Schritt noch einmal die Voraussetzung der Herzöffnung über Selbstliebe anschauen. Letztlich besteht ein Teil Ihrer Anziehung und Attraktion in Ihrer Ausstrahlung, die wiederum nur das spiegeln kann, was sich in Ihnen abbildet. Lassen Sie es darauf ankommen, ganz praktisch zu erfahren, wie immer mehr Nähe in Ihrer Beziehung entsteht, allein durch den Prozess der Selbstzuwendung. Und bedenken Sie: Die Ehe ist kein Rettungsring für den inneren Stress, sich allein, unverstanden, ungesehen und unbeachtet zu fühlen. Sie selbst können sich retten, indem Sie sich öffnen und Nähe zulassen. Nur dann entsteht all das, was Sie sich wünschen: wahre Anziehung und echte Intimität.

TIPP: Wenn Sie dieses Muster kennen, ist das mindeste, was Sie tun können, offen auszusprechen, dass es Ihnen schwerfällt, sich zu öffnen. Arbeiten Sie daran, diese Offenheit zu erreichen. Finden Sie gemeinsam heraus, welche Bereiche in Ihnen jeweils blockiert sind, und forschen Sie nach den Ursachen, statt die Schuld oder das Unvermögen bei Ihrem Partner/Ihrer Partnerin zu suchen. Prüfen Sie gemeinsam ehrlich, welche Bedeutung Sie jeweils äußeren und inneren Werten geben. Wenn Sie erkennen müssen, dass Sie Ihren Partner/Ihre Partnerin weniger im Blick haben als zum Beispiel Haus, Karriere, Kinder (als Status) usw., können Sie eine Ebene tiefer weiterforschen, welche Bedürfnisse sich dahinter verstecken: Sicherheit, Versorgung, Anerkennung? Nehmen Sie einander ernst, ohne sich gegenseitig Vorhaltungen zu machen. Sie werden feststellen, dass ehrliche Aussagen mehr Nähe schaffen als angepasste.

Die Basis prüfen

Auf welcher Basis möchten Sie eine Familie gründen? Ist die Basis fruchtbar, sind die Voraussetzungen stabil? Die Grundfeste einer Ehe muss in sich selbst stabil sein, weil die äußeren Umstände sich schnell verändern: heute Karriere, morgen arbeitslos. Leben ist immer schon dynamisch, nicht statisch. Die höchste Sicherheit bietet daher nur unser Herz – als einzige Quelle für Glück und Erfüllung. Die positive Kraft, die wir in der Natur beobachten können – im Werden und Vergehen –, entdecken wir auch in uns selbst. Daher ist für die meisten Paare der Wunsch nach Kindern der natürlichste Wert, den sie zugrunde legen, wenn sie sich verbindlich machen, ob nun mit oder ohne Trauschein. Der Kinderwunsch entsteht im Menschen, wenn er liebt. Er ergibt sich nicht erst aus einem bestimmten Kontostand, auch wenn die heutige Familienplanung das manchmal befürchten lässt. Aus meiner Praxiserfahrung in der energetischen Paarberatung kann ich sagen: Die Reihenfolge muss stimmen! Das Herz sagt, wann es so weit ist, nicht der Businessplan. Grundwerte – wie Liebe, Familie, Kinder, aber auch Gesundheit und Respekt vor dem Alter beispielsweise – dürfen nicht materialisiert, geschweige denn kommerzialisiert werden. Der Körper sagt: *Ich will ein Kind auf die Welt bringen.* Das Herz sagt: *Ich will diesen Menschen heiraten.* Innere Wertesysteme entscheiden darüber, ob die betagten Eltern ins Altersheim kommen oder zu Hause gepflegt werden.

Ich lernte einmal einen überaus glücklichen Vater kennen. Er lebte mit seiner Frau und vier Kindern nach einem sehr einfachen Konzept: Ihm ging es weniger um seine erfolgreiche Karriere als mehr darum, seine sechsköpfige Familie zu ernähren und vor allem viel Zeit und Kraft zu haben für sie. Der Mann besaß vielleicht drei weiße T-Shirts und zwei Jeans. Er sah immer gleich aus, aber sauber und gepflegt. Er strahlte immer, ging pfeifend und freudig zur Arbeit und war glücklich, ein Auto zu haben, um den Alltag zu bewältigen. Es gab keine klassische Wohnzimmereinrichtung – auch keinen Fernseher –, aber jedes Kind besaß ein Instrument und wurde von einem Musiklehrer unterrichtet. Jede freie Minute verbrachte die Familie in der Natur, vor allem unternahm der Vater mit seinen Kindern gern Waldwanderungen nach seiner Spätschicht, also nachts! Auf eine bescheidene Art war er ein Abenteurer, der seine Kids sozusagen auf Safaris im näheren Umland mitnahm. Das stärkte in ihm und ihnen die Freude, lebendig zu sein. Lebensfreude hieß für diesen Mann, das Herz zu öffnen. Er wusste, was Glück bedeutet, woher auch immer.

An diesem Beispiel wird deutlich, dass es nicht darauf ankommt, wie viel man besitzt oder wie hoch das Ansehen ist, sondern darauf, wie verbunden man ist und wie viel Aufmerksamkeit man aufbringen kann für die Werte, die man leben möchte. Das setzt natürlich voraus, die eigenen

Werte zu kennen und zu bestimmen. Daran hängen auch der Charakter, die innere Klarheit und der Lebensplan. Doch nicht nur das, auch die äußeren Voraussetzungen müssen dazu passen. Die Kanadier sind ein gutes Beispiel: Bevor sie sich für ein Grundstück entscheiden, um dort abzuholzen, die Bäume zu fällen, und ein Haus zu bauen, fühlen sie sich in das Grundstück ein und befragen es: *Bist du der richtige Platz für mich und meine Familie?* Sie wissen, dass die Probleme vorprogrammiert wären, würden sie die energetische Eigenständigkeit des Platzes ignorieren. Bei den Isländern ist Ähnliches zu beobachten: Sie fragen erst die Natur, bevor sie eine Straße durch eine Landschaft legen. Fühlen statt Kalkulieren! Viele Vorhaben sind nicht nur über das Abwägen von Vor- und Nachteilen zu berechnen. Selbst schwierige Verhältnisse können glücklich machen, und leichte Voraussetzungen stürzen ins Unglück. Das ist keine Mathematik, sondern energetische Navigation. Es gibt immer Ecken, die bekümmert werden müssen, und andere Stellen, die sich selbstlaufend entwickeln. Das eine braucht Energie, das andere spendet Energie.

Die Seele – mit ihrer kosmischen Herkunft – entscheidet immer über das WESEN-tliche, ob wir uns dessen bewusst sind oder nicht. Daher ist es nur logisch, ihre energetische Kraft in unser Lebenskonzept mit einzubeziehen und uns nach den Fragen zu richten: *Wie stark kann ich mich auf die tiefe Ebene der kosmischen Intelligenz einlassen und den Impulsen meiner Seele öffnen, um mich zu orientieren? Welchen Lebensweg zeigt mir mein Körper, sprich die Energie in den Zellen an?* Die elementare Verbindung zur Natur ist der zweite Wegweiser in unserem Leben. Man sagt nicht umsonst „Mutter Erde". Wenn der „mütterliche Rat" kommt, sollten wir ihm also gut zuhören. Warum sollte sich das Ego ständig durchsetzen mit seiner Neigung, über alles zu verfügen, alles zu okkupieren und zum eigenen Nutzen zu verwenden? Oft sind Äußerlichkeiten nur eine Blendung: Das Haus, das Auto, der Partner/die Partnerin sehen vielleicht super schön aus, aber wenn man näher hinsieht, bestehen unüberwindbare Nachteile. Das Grundstück mag großartig sein, aber wenn das Grundwasser vergiftet ist oder nachts die Wölfe an die Tür klopfen, ist es nichts wert. Außerdem heiratet niemand den gut bezahlten Job seines Partners oder das tolle Aussehen seiner Partnerin, sondern in erster Linie ja den Menschen.

Das Prinzip des energetischen Einfühlens bei der Partnerschaftswahl ist ein viel sinnvollerer Weg als das taktische Schauen auf Äußerlichkeiten.

Übung 16: Gehen Sie – als Paar gemeinsam oder als Single allein – so vor wie in der **Grundübung** und ergänzen Sie diesen Ablauf mit dem **Ritual:** Legen Sie sich gegenseitig eine Hand flach auf den Brustraum bzw. sich selbst, wenn Sie allein sind. Lassen Sie Ihre Seele sprechen und lauschen Sie nur auf das, was sie sagt. Öffnen Sie sich dafür, den Weg Ihrer Seele anzuerkennen, auch wenn Ihr Ego eine andere Richtung vorschlägt. Tauschen Sie sich anschließend über Ihre Erkenntnisse aus oder notieren Sie diese ggf., wenn Sie allein sind.

Man achtet mehr auf die Schwingung und das gemeinsame Harmonisieren als auf eine imaginäre Idee, die man vom anderen hat. Sie kennen das sicher auch: Was zuerst wunderbar erscheint, entpuppt sich später als reine Illusion. Zu den gefühlten Aspekten gehören auch Irritationen, beispielsweise berichtete einmal eine Teilnehmerin, deren Ehe gescheitert war, im Kurs davon, schon am Beginn der Beziehung mehrfach eine Störung im Liebesfluss erlebt zu haben, wenn sie sexuell mit ihrem Partner zusammengekommen war. Trotz der großen erotischen Anziehung, die sie anfänglich als „gutes Zeichen" gedeutet hatte. Wie sich später herausgestellt hatte, harmonierten die beiden Körper sexuell nicht, und selbst eine Paartherapie hatte nicht helfen können. Sie hatte die Störungen anfänglich ignoriert und blind darauf gehofft, das Problem „werde sich schon geben“, doch das geschah nicht. Letztlich lag auf beiden Seiten keine bewusste Irreführung vor, denn ihr Exmann hatte zu diesem Zeitpunkt selbst nicht gewusst, dass er anders veranlagt war als seine Frau. Wären beide frühzeitiger der irritierenden Spur gefolgt, hätten sie womöglich nie geheiratet.

Lösungsorientiertes Miteinander

In einer Partnerschaft steht jeder mit seinen eigenen Überzeugungen, karmischen Voraussetzungen und systemischen Einflüssen da. Jeder lebt gemäß seiner/ihrer Sozialisierung und Erziehung. Jedem steht eine Herkunftsfamilie und Ahnenreihe im Rücken. Dass diese komplexen Vorbedingungen bei zwei Menschen nicht immer hundertprozentig übereinstimmen, ist logisch. Sich dennoch darauf einzulassen, erfordert Liebe, Verständnis, Respekt und Wertschätzung. Harmonie und Erfüllung kann erarbeitet werden, fällt aber niemandem in den Schoß. Beziehung ist immer eine aktive Dynamik, nicht eine Endhaltestelle, wo es nichts mehr zu tun gibt und man die „Füße hochlegt“. Aus meiner Erfahrung erblüht das gemeinsame Glück hauptsächlich dann, wenn beide Partner wirklich in der Lage sind, die Gefühlswelt des Anderen permanent zu erkunden und ernst zu nehmen. Denn nichts macht uns glücklicher als die Möglichkeit, unsere Gefühlswelt offen zu entfalten, jeden Tag neu. Daher ist es so wichtig, kein Konzept daraus zu machen. Wir können nie abschließend sagen: *Du bist so, ich kenne dich.* Wir lernen uns immer weiter kennen und müssen auf dem Laufenden bleiben, weil wir uns auch immer weiterentwickeln. Wir sind nicht immer dieselben.

Aufmerksamkeit und Anerkennung wünscht sich wohl jeder, nicht nur in Liebesbeziehungen. Doch gerade in der Intimität mit dem einen Menschen erleben wir auch die tiefere Begegnung von Herz zu Herz – bedingungslos, absichtslos und präsent. Wir fühlen in der anderen Person eine Kapazität für uns. Das schafft Vertrauen und ist sehr heilsam. Wir wissen es tief in uns drin: *Das ist mein Mann. Das ist meine Frau.* Wenn wir diese Zugehörigkeit spüren, haben wir uns gefunden. Wir sind angekommen. Diese Gewissheit können wir nicht errechnen oder prognostizieren, indem wir von außen Vorteile und Vorzüge zusammenzählen. In der Liebe gibt es keine Logik. Sie können es nur fühlen. Sie erkennen in der ehrlichen Zuwendung Ihres Partners/Ihrer Partnerin, dass Sie wertvoll sind und wertgeschätzt werden.

Paare, die so zueinander stehen – sich bewusst wahrnehmend und mit offenem Herzen –, sind auch fähig, in kritischen Zeiten konstruktive Lösungen zu suchen und zu finden. Diese Offenheit ist allerdings nur tragfähig, wenn der einzelne Mensch zuerst einmal sich selbst gut kennt, denn erst dann ist er oder sie überhaupt in der Lage, sich um ein echtes Verständnis des Anderen zu bemühen. Wahrnehmen heißt, persönliche Dynamiken zu durchschauen und aktiv positiv damit umzugehen in der Gestaltung des Miteinanders. Bewusst sein heißt, die Dinge nicht einfach „laufen zu lassen". Denken Sie auch daran, dass sich Ihr Energiekörper mit der Weltveränderung mitverändert. Die immer feinstofflicher werdende Beschaffenheit lässt Ignoranz und Nachlässigkeit nicht mehr zu. Das Verbergen und Tabuisieren, Verdrängen und Vermeiden von Konflikten kostet Sie zu viel Energie, daher wird Ihre partnerschaftliche Transparenz immer wertvoller. Ihr Inneres offenherzig nach außen zu kehren, könnte zu einem neuen Standard werden in Ihrem Liebesleben. Dieser Gedanke mag überraschen oder Angst machen, denn bisher haben Menschen jahrhundertelang Konflikte vertuscht und geheim gehalten vor der Öffentlichkeit und vor allem vor dem Partner.

Heute wird es immer „normaler", therapeutische oder beratende Angebote wahrzunehmen, in Workshops zu gehen usw., um sich selbst zu helfen oder zu heilen – sich also lösungsorientiert mit Konflikten zu beschäftigen.

Übung 17: Treffen Sie – als Paar gemeinsam oder als Single allein – eine neue Vereinbarung: Immer dann, wenn Sie bemerken, dass Sie etwas bedrückt oder stark beschäftigt, sprechen sie Ihre Gefühle voreinander bzw. vor sich selbst laut aus und nehmen Sie diese Gefühle ernst. Legen Sie bei der Wahrnehmung weniger den Fokus auf den darin liegenden Konflikt und mehr auf die Gefühle selbst. Bleiben Sie empathisch und lassen Sie sich voneinander bzw. von sich selbst wirklich berühren. Nur so können Sie sich für eine echte kreative und seelenbezogene Lösung öffnen – die Sie mental über Logik nicht finden können.

Hinzu kommt der zunehmende Entwicklungsdruck: Wir werden immer feinfühliger, deshalb kommen wir auch schneller in psychische Not und seelische Bedrängnis, als Seelen weiter zu wachsen. Die Aufgaben werden anspruchsvoller, vor allem in der Beziehungsdynamik. Gemeinsam nach Lösungen und Heilung zu suchen, bringt uns mehr in die Selbstverantwortung und wir werden spirituell gesehen „erwachsener".

Kommunizieren lernen

Sie werden mir zustimmen, wenn ich behaupte, dass das Reden die häufigste Ursache für Missstimmungen in Beziehungen ist. Es ist kaum zu glauben, wie sehr Menschen darunter leiden, in Ihrer Partnerschaft „nicht richtig reden" zu können. Dabei ist der gemeinsame Austausch natürlich unerlässlich, nicht nur, um sich im Alltag abzustimmen oder den Haushalt zu planen. Eine gelungene Kommunikation steht daher bei den meisten meiner Klienten ganz oben auf der Wunschliste. An Ratgebern und Trainings mangelt es in dieser Hinsicht nicht, und trotzdem schaffen es nur wenige Paare, sich diesen Wunsch zu erfüllen.

Das gemeinsame Reden gehört nicht nur zur aktiven Beziehungspflege, sondern auch zur Förderung der seelisch-psychischen Gesundheit, denn dabei entsteht ein essenzieller Kontakt, den jeder Mensch braucht, von Geburt an. Gute, tiefe Gespräche sind also ein hoher Wert, der allerdings nirgends gezielt vermittelt wird, auch nicht in der Schule – leider. Wir lernen größtenteils unbewusst, mit anderen verbal zu kommunizieren, zuerst indem wir es unseren Eltern nachmachen und später im Rahmen des Unterrichts oder im familiär-sozialen Umfeld. Wir lernen es demnach unter Umständen nur unzureichend, wenn in der Herkunftsfamilie hauptsächlich gestritten oder gleich ganz geschwiegen wird. Hinzu kommen eine Menge destruktive Raffinessen, wie beispielsweise Manipulation oder Überredung, rhetorisches Abwiegeln, „professionell"-distanziertes Geplänkel oder hohler Smalltalk. Es gibt Super-Verkäufer oder überzeugende Chefs, die ihren Liebespartnern nur beiläufig zuhören. Es gibt Plaudertaschen-Kollegen, die zu Hause kein Wort über die Lippen bringen. Und es gibt unendlich empathische Menschen in sozialen Berufen, die ihren Kindern gegenüber schnell ausfallend werden oder ihren Eltern keinen Deut Geduld entgegenbringen.

Wie solche Diskrepanzen oder Konflikte zu lösen wären, möchte ich in diesem Buch nicht im Einzelnen zeigen. Das überstiege auch den Rahmen. Vielmehr möchte ich deutlich machen, dass es wesentlich für eine glückliche Partnerschaft ist, eine vertrauensvolle und zugewandte Gesprächskultur zu entwickeln. Es lohnt sich, in die Qualität der Kommunikation zu investieren, weil beispielsweise das praktische Lösen von Problemen oder gemeinsame Entscheidungsfindungen nicht ohne Austausch und Aussprache erreicht werden können. Außerdem liegt es auf der Hand, dass zu jeder Intimität auch das vertraute Reden gehört. Nur im Märchen liest der Liebste/die

Liebste alles von den Lippen ab, und Gedankenlesen beherrschen wohl eindeutig die wenigsten Menschen. Selbst wenn wir unsere Partner sehr gut kennen, ist das bereits das Ergebnis einer weitreichenden und dauerhaft guten Kommunikation.

Ein Wort genügt. Diese Wahrheit kennen wir alle. Gespräche wie auch nonverbaler Austausch sind letztlich auch Energien. Sie haben eine eigene Schwingung, die sich einerseits beeinflussen lässt und andererseits auf uns einwirkt, ob wir das bewusst wahrnehmen oder nicht. Es gibt Resonanzen, auf die wir reagieren, gerade Worte lösen in uns sofort Emotionen aus, angenehme wie unangenehme. Bevor Sie also nur auf die Worte schauen, die Ihr Partner/Ihre Partnerin sagt, sollten Sie sich mit Ihrer inneren Antwort darauf beschäftigen, und zwar nicht mit dem, was Sie sagen möchten, sondern mit dem Gefühl, das aufsteigt, wenn Sie diese Worte hören.

Wenn misslungene Kommunikation oder die Unfähigkeit, sich eigenständig auszudrücken, der Grund für Ihre Beziehungsprobleme sind, mag das auch beispielsweise eine Hürde beim Selbstformulieren des Eheversprechens sein.

TIPP: Beobachten Sie, was in Ihnen geschieht, wenn Ihr Partner/Ihre Partnerin mit Ihnen spricht. Achten Sie auf diese Merkmale: *Rege ich mich schnell auf? Fühle ich mich angegriffen oder abgelehnt? Verspüre ich Angst, fühle ich mich eingeengt oder sogar überwältigt? Denke ich sofort, ich sei zu dumm/altmodisch/kindisch usw.?* Vielleicht fühlen Sie sich aber auch verstanden und unterstützt. Was immer geschieht, zeigt nur, wie es in Ihnen aussieht. Es sagt noch nichts darüber aus, was in Ihrem Partner/Ihrer Partnerin vorgeht. Es sind „nur" Worte, die Sie auf die eine oder andere Art berühren.

Durch den jeweiligen Kulturkreis bedingt, wird ohnehin vieles in unserem Leben von außen verwaltet: Das Beerdigungsinstitut verwaltet den Tod, das Standesamt die Eheschließung. Sie haben womöglich keine Übung darin, eigenständig zu denken und selbst kreativ zu werden. Sie sind mit den Lebensessenzen nicht mehr direkt im Kontakt. Gerade der schönste Tag im Leben, Ihre eigene Hochzeit, sollte aber mehr sein als nur eine vorbestellte Zeremonie und eine durchgeplante Feier. Was in unserer Kultur verloren gegangen ist: Sie können selbst Inhalte schaffen, indem Sie eigene Beiträge gestalten, die Angelegenheiten Ihrer Seele an die Oberfläche holen und aussprechen, was in Ihrem Herzen vor sich geht. Das

Eheversprechen können Sie individuell selbst formulieren, Sie müssen es nicht von einem Vordruck ablesen oder nachsprechen. Dann entsteht auch ein Sinn in der Formalie, und Ihr persönliches Statement bekommt Kraft – Ihre Energie!

Dasselbe gilt umso mehr für die Zeit nach der Hochzeit: Sie können mit Ihrem Partner/Ihrer Partnerin selbst die Regeln beschließen, nach denen Sie leben möchten. Sie können selbst einen Modus entwickeln für Ihre Partnergespräche, am besten verabreden Sie sich ganz konkret, um gezielt miteinander zu sprechen und einander teilhaben zu lassen. Tun Sie das im Vorfeld und lassen Sie es nicht auf den Zufall ankommen. Sie versichern ja auch Ihr Haus oder Auto, bevor ein Unglück passiert. Bedenken Sie auch: Die Konflikte werden kommen – wie in jeder Ehe, garantiert! Zeitnah über Dinge zu sprechen, die Sie beschäftigen, wäre ein guter Anfang, Missverständnisse oder Entfremdung gar nicht erst zu riskieren.

Viel wichtiger als die Wahl der Worte ist die Bereitschaft, mit allen Sinnen offen zu sein, um zu verstehen, was zwischen Ihnen und Ihrem Partner/Ihrer Partnerin passiert.

Seien Sie einander Sparringspartner[23], um die Entwicklung des anderen zu fördern und selbst gefördert zu werden. Seien Sie ein Mentor, der gut zuspricht, statt nur alte Rollen zu übernehmen, beispielsweise die Mutter, der Therapeut oder auch der Kritiker. Geben Sie sich als Paar das Versprechen, immer Bescheid zu sagen, egal was ist. Kommunizieren Sie auch Ruhebedürfnisse, statt einfach dichtzumachen, sich abzutrennen – selbst im Groll.

Liebespartner sind auf der Herzebene seelisch-energetisch verbunden und offen, auch wenn Konflikte auftauchen.

Man hilft sich gegenseitig, das Thema in sich zu durchleuchten, nicht von außen Vorwürfe zu machen und Urteile zu fällen. Es sollten immer beide Meinungen gelten dürfen und als authentisch akzeptiert werden, auch wenn sie stark voneinander abweichen. Der andere soll ja aus sich selbst herauswachsen können und sich nicht zwingend anpassen müssen.

Es geht auch und gerade in der Kommunikation um Heilung, nicht um Sich-Verbiegen oder Sich-Beherrschen.

---

[23] Trainingspartner. Die Absicht des Sparrings ist, die Fähigkeiten der Teilnehmer zu verbessern.

Das Wohl des Partners/der Partnerin ist der heilige Wert, dem die Verbindlichkeit gilt.

Übung 18: Nehmen Sie sich als Paar regelmäßig etwas Zeit (als Single ggf. mit einem/r Freund/in) und schaffen Sie eine entspannte Atmosphäre. Sprechen Sie abwechselnd etwa 3–5 Minuten über das, was Sie jeweils bewegt und beschäftigt. Achten Sie darauf, dass Sie einander nicht ins Wort fallen. Jeder Part steht für sich selbst, denn es geht weniger darum, einander zu antworten, als mehr darum, nur die eigene Perspektive mitzuteilen. Genießen Sie es, von Ihrem Partner/Ihrer Partnerin immer neue Dinge zu erfahren und ihn/sie noch besser kennenzulernen – und spüren Sie Ihren eigenen inneren Reaktionen und Berührungen nach.

Es geht nicht darum, einen Diskurs zu führen und sich gegenseitig überzeugen oder gar überwältigen zu wollen. Es geht um Bereicherung, nicht um Funktionalität oder Erwartungshaltungen. Spätestens hier wird spürbar, dass es wichtig ist, vor der Festlegung einer Beziehung darüber Klarheit zu schaffen, was beide wollen. Denn wie werden die beiden Menschen zueinanderfinden können, wenn der eine sich entwickeln will und der andere darauf besteht, dass alles so bleibt, wie es ist?

Eifersucht und Untreue

Was auf den ersten Blick nicht automatisch im Zusammenhang erscheint, hängt dennoch eng zusammen. Eifersucht und Fremdgehen bedingen einander dynamisch, denn es fehlt auf beiden Seiten das Vertrauen. Natürlich gibt es für Treue keine allgemeingültigen Regeln, denn jeder und jede versteht unter Freiheit etwas anderes. Wie übergriffig ist also jemand, der seinen Partner/seine Partnerin mit Eifersüchteleien quält? Und ab wann ist jemand untreu? Besonders beim Thema Treue kommt es darauf an, als Paar zu klären, welche Beziehungsart beide leben möchten, welche Werte und Glaubenssätze sie vertreten. (Siehe Kapitel „Wer sind wir zusammen?") Denn was für den einen gilt, gilt nicht automatisch auch für den anderen. Ich erlebe es häufig, dass Menschen sich darüber keine Gedanken machen, weil sie einfach voraussetzen, der oder die andere würde genauso denken wie man selbst. Sie gehen davon aus, dass beider Vorstellungen 1:1 übereinstimmen, was jedoch selten der Fall ist in der Realität. Die unausgesprochene harmonische Übereinkunft ist eine Illusion, die nicht selten zu unangenehmen Situationen führt.

Bei diesem brisanten und oftmals explosiven Thema spielen vor allem Ängste eine Rolle, aber auch Erfahrungen.

Dennoch glaube ich, dass wir auf der subtilen Ebene auch fühlen, wenn Untreue geschieht bzw. geschehen kann, also schon vorher. Und man kann sich auch irren. Es ist nicht immer leicht herauszufinden, ob es sich um eine faktische Wahrnehmung handelt oder um angstbedingte Einbildungen. Warum haben wir dieses Gefühl, das dafür sorgt, dass wir glauben, der Partner/die Partnerin wäre uns nicht treu? Ist das unser Thema, das wir übernommen haben aus unserem Familiensystem? Oder ist es tatsächlich das Thema unseres Partners/unserer Partnerin? Diese Fragen sind oftmals nicht leicht zu beantworten, zumal wir in einer Gesellschaft und Kultur leben, in der das Thema Untreue auch kollektiv erheblich akut ist, das heißt dynamisch aktiviert ist. Überall, in den Medien, in der Unterhaltung, bilden der Konflikt und die Auseinandersetzung mit Eifersucht und Untreue die Basis von Storys und Berichterstattung, und zwar nicht nur in der Boulevardpresse. Treue und Loyalität sind im weiteren Sinne auch Werte in anderen Lebensbereichen, außerhalb von Liebesbeziehungen, beispielsweise in der Politik oder im Berufsleben und nicht zu vergessen unter Geschwistern. Es geht deshalb mehr oder weniger um Verlässlichkeit, um Verbindlichkeit und um „Verträge“ und Absprachen. Man verabredet miteinander konkret, welche Grenzen gesetzt werden sollen und wie frei sich jeder/jede bewegen darf.

Wichtig ist, rechtzeitig darüber zu sprechen und eventuell auftauchende Bedenken aus der Welt zu räumen, was wiederum umso besser gelingt, als Paare eine gesunde Kommunikationsbasis für sich geschaffen haben. Lassen Sie es deshalb nicht fahrlässig „darauf ankommen“. Lassen Sie sich nicht darauf ein, anstelle eines aufrichtigen Gesprächs zum Beispiel zu einem Kartenleger zu gehen, um herauszufinden, ob Ihr Partner/Ihre Partnerin auch wirklich treu ist. Nehmen Sie Ihre Bedenken ernst und spekulieren Sie nicht. Es führt zu nichts Gutem, wenn Männer aggressiv oder Frauen hysterisch werden. Reden Sie nicht zweideutig und flirten Sie nicht dabei, denn es geht um eine sehr sensible Angelegenheit, die mit einer archaischen Energie aufgeladen ist.

Aus meiner Erfahrung kann viel Leid vermieden werden, wenn ein Paar offen über innere Unsicherheiten spricht. Denken Sie zurück an das hawaiianische Ritual, vor dem Zubettgehen für Klarheit zwischen Liebespartnern zu sorgen und Konflikte oder Streitpunkte nicht lange zu vertagen, um den Frieden in der Beziehung zu fördern. Besonders sexuelle Energiefragen sollten Sie umgehend klären und nicht mit in Ihr Schlafzimmer nehmen. Auch wenn es bei dem Thema Untreue und Eifersucht nicht immer um Sex geht: Ihr Körper fühlt alles. Selbst wenn es Ihnen nicht bewusst ist, nimmt Ihr Körper bis in jede Zelle hinein die energetische Situation wahr. Unklare Vorbehalte und ängstliche Befürchtungen stören den intimen Beziehungsraum auf empfindliche Weise. Körperliche Hingabe erfordert explizit Sicherheit, nicht nur auf der Seite der Frauen. Daher ist es sehr anspruchsvoll, über die auch moralisch überlastete Frage nach der Treue offen zu sprechen.

Wie komplex der Bereich Treue und Verlässlichkeit ist, wird uns im normalen Alltag meist nicht bewusst. Und doch gibt es unzählige kleine Situationen, in denen wir damit in Berührung kommen. Was wir unter Treue verstehen, ist ja unmittelbar mit dem Freiheitsempfinden des anderen verbunden und vor allem auch eine Kulturfrage.

Wer darf bestimmen, ob es okay ist, wenn sich der Partner/die Partnerin mit jemand anderem vom anderen Geschlecht auf einen Kaffee trifft? Ist es etwas ganz anderes, wenn dieses Treffen in einem Lokal oder in der privaten Wohnung stattfindet?

Und wenn dies als normal gilt, dürften die beiden nicht liierten Menschen dann auch gemeinsam in die Sauna gehen?

Übung 19: Gehen Sie so vor wie in der Übung 18: Nehmen Sie sich als Paar etwas Zeit (als Single ggf. mit einem/r Freund/in) und sprechen Sie in einem entspannten Setting abwechselnd über das, was Sie zum Treueaspekt bewegt und beschäftigt – so offen wie möglich. Achten Sie darauf, dass Sie einander nicht ins Wort fallen. Jeder Part steht für sich selbst, denn es geht weniger darum, einander zu überzeugen, als mehr darum, die Perspektiven darzustellen. Vermeiden Sie es, die Vorstellungen Ihres Partners/Ihrer Partnerin zu moralisieren oder zu kritisieren. Fordern Sie Ihre eigenen Wünsche und „Verbote“ nicht ein. Sprechen Sie auch lieber über Ihre eigenen Eifersuchtsgefühle als über die allgemeine Verwerflichkeit von Ehebruch. Hören Sie selbst gut zu und spüren Sie Ihren eigenen inneren Reaktionen und Berührungen nach.

Oder wäre für manche Menschen schon jeder getauschte Blick ein „Verbrechen“? Ist Flirten verboten? Und wenn nicht, spricht man nicht dennoch ungewollt eine Einladung aus? Wo sind die Grenzen …? Überdies sind wir beim Thema Treue ganz schnell auch in der Diskussion um schickliche Kleidung oder das orthodoxe Kopftuch.

So einfach, wie es in Online-Dating-Abfragebögen dargestellt wird, ist es also nicht. Die Frage „Was halten Sie von Treue?" erfordert mehr als ein einfaches „Viel" oder „Nichts".

Lösung von Problemen

Oft werde ich in meinen Seminaren gerade bei heiklen Themen nach konkreten Lösungsplänen gefragt, beispielsweise: *„Was kann ich denn tun, wenn ich erkenne, dass ich aus meinem elterlichen Familiensystem eine Eifersucht übernommen habe? Wie kann ich diese energetische Vorbelastung in mir heilen?"*

Unser Zellbewusstsein ist seit unserem Existenzbeginn präsent, also auch schon im Mutterbauch. In den Körperzellen werden von Anfang an erfahrene Emotionen gespeichert, also nicht nur solche, die wir durch Körpergefühle erfahren, sondern auch solche, die wir durch unsere Mutter erleben. Gefühle, die zu ihr gehören, beispielsweise wenn sie traurig ist oder sich über etwas ärgert. Ihre Angst ist unsere Angst, denn wir bilden ein gemeinsames Körpersystem. Wenn sie in Gefahr ist, sind wir es auch. Auch nach unserer Geburt speichert unser „Zellgehirn" alle Informationen, während unser Kopfgehirn noch nicht ausgebildet ist und wir weder sprachlich noch kognitiv verarbeiten können, was wir wahrnehmen. Sämtliche Emotionen sind ganz direkt in unserem System wirksam, was immer wir erleben, wenn wir wachen oder schlafen, wenn wir allein sind oder mit anderen Kindern spielen usw. Und sämtliche energetischen Informationen bilden letztlich die prägenden Muster unseres Denkens und Handelns, bedeuten Sicherheit und Geborgenheit oder traumatisierende Angst. Sobald wir beginnen zu denken und zu sprechen, bilden wir dazu passende Gedankenformen aus, die unsere innere Haltung und unseren Glauben bestimmen.

Wenn wir nun später als junge Erwachsene eine Person kennenlernen und eine Partnerschaft beginnen, treffen wir vor allem in dieser Person auf deren eigene Prägungen, welche mit großer Wahrscheinlichkeit nicht automatisch zu unseren Programmen passen wie die Faust aufs Auge. Wir benötigen deshalb Hilfsmittel, mit denen wir uns aus unserer eigenen Begrenztheit befreien und eine Offenheit entwickeln können, um die Differenzen und Anpassungen in der neuen Beziehung zu integrieren. Meistens läuft dieser Prozess nicht so glatt und es folgen kleinere oder größere Auseinandersetzungen. Wir nutzen vielleicht die Möglichkeit, unterschiedliche Meinungen und Vorstellungen miteinander zu klären und uns gegenseitig entgegenzukommen, doch spätestens wenn wir eine echte systembedingte Blockade spüren, sind wir mit unserem Latein am Ende.

Vielleicht kennen Sie das auch? Es scheint weder vorwärts noch rückwärts zu gehen und in Ihrem Herzen fühlt es sich eng an. Die Werkzeuge, die Sie dann benötigen, heißen **Bewusstseinsarbeit**, **energetisches Heilen** und **Zelltransformation.** Diese drei effektiven Möglichkeiten stehen Ihnen immer zur Verfügung, um Blockaden zu lösen und auch ganz unabhängig von den Wünschen Ihres Partners/Ihrer Partnerin glücklich zu sein. Wie im Kapitel „Wer bin ich selbst" angemerkt, sind Sie als Mensch immer schon vollständig und können mit oder ohne Beziehung Erfüllung finden. In meinen Heart-Evolution-Relation-Mastery-Seminaren wende ich mich deshalb den Teilnehmenden in ihrer Ganzheit zu und setze mein Expertenwissen dafür ein, sie mit sich selbst in einen heilenden Kontakt zu bringen. Ich bin ihnen ein resonanzfähiges Gegenüber und helfe ihnen, ihr eigenes Körperwissen zu nutzen, denn die Informationen der Blockade liegen meist nicht an der Oberfläche. Belastende Energie konkret anzusprechen, bringt meine Klienten auf die Spur und sie können diese selbst erkennen und heilende Energie aktivieren.

Energetisch zu arbeiten ist auch erlernbar. Selbst wenn Sie keine Übung darin haben, müssen Sie natürlich nicht zuerst ein Seminar besucht haben, um zu Lösungen zu kommen. Sie können auch ohne praktische Erfahrung damit beginnen, sich selbst zu erforschen und Ihre Beziehungsmuster bzw. -dynamiken zu reflektieren. Lauschen Sie in sich hinein, lauschen Sie in Ihren Körper, in jede einzelne Zelle. Die hilfreichen Einsichten sind nur in Ihnen selbst zu finden. Vertrauen Sie sich selbst und folgen Sie den subtilen Impulsen Ihres Herzens. Erst wenn Sie innerlich freier werden, können Sie auch praktische Lösungsideen und Alternativen hervorbringen, zum Beispiel Ihre Beziehungsgespräche auf die Prinzipien der Gewaltfreien Kommunikation[24] gründen oder heilsame Verabredungen treffen.

In Liebe entlassen

Wenn zwei Menschen eine Liebesbeziehung eingehen, sind sie nicht mehr nur zwei, sondern ein Drittes entsteht: die Verbindung selbst. Diese Verbindung bildet eine eigenständige Energieform, die sich nun selbst im gemeinsamen Kontext, dem Umfeld, integriert. Dieses Dritte

---

[24] Nach Marschall Rosenberg: *Gewaltfreie Kommunikation – Eine Sprache des Lebens*; Junfermann 2016

wird somit zu einer Verantwortung für die Liebenden – der Welt, dem Kosmos oder Gott gegenüber. Man muss aber nicht religiös sein, um diese Haltung zu entwickeln. Vielmehr besteht die Aufforderung, diese Verantwortung zu tragen und die Verbindung mit Leben zu füllen, statt sie nur egoistisch zu konsumieren. Diese Einstellung betrifft also nicht nur die Ehe, sondern auch den Beruf, die Familie und die Integrität als Paar im gesamten Umfeld.

Nur Sie selbst können der Ehe die Bedeutung geben, die Ihnen wichtig erscheint. Sie heiraten ja nicht, weil alle es machen, oder doch? Viele meiner Klienten und Klientinnen versprechen sich von der Ehe mehr Sicherheit, doch dieser Beweggrund ist doppelbödig: Erstens finden wir Menschen wahre Sicherheit nur in uns selbst bzw. in unserer Seele. Zweitens ist zwar der Wunsch nach Absicherung sehr menschlich und von daher legitim, aber das bedeutet nicht, dass wir keine Verantwortung übernehmen müssten oder um eine permanente Beziehungspflege herumkämen. Die Ehe ist auch mehr als nur ein Ritus. Man sagt in vollem Bewusstsein „Ja!“ zu einem anderen Menschen – und das für immer.

Heutzutage lassen sich viele Paare scheiden, denn es ist juristisch und gesellschaftlich zu einer „leichten Sache“ geworden. Man geht einfach und blättert dann weiter, zur nächsten Seite, weil man glaubt, der oder die Nächste sei dann noch viel besser, attraktiver, umgänglicher, unkomplizierter usw. Prominente, Stars und Politiker machen es vor: Sie sind mehrfach verheiratet, mehrfach geschieden – Ehen und Affären am laufenden Band. Das nimmt natürlich Einfluss auf den Zeitgeist. Scheidung und wohlwollendes Voneinander-Lassen heißt aber nicht, dass nach einer Trennung automatisch „alles gut" wäre. Es gibt immer etwas zu heilen und zu verarbeiten, ob uns das bewusst ist oder nicht. Eine Trennung tut immer weh, mindestens ist der Weg bis zu dem Entschluss oft sehr schmerzlich und aufreibend. Die innenliegende Kraft des gegebenen Versprechens wirkt mehr, als man denkt oder vermutet. Liebe und Verbindlichkeit sind ja viel mehr als bloße Gefühle, nämlich auch ein tiefes Wollen und eine Entscheidungskraft. Verlieren wir die Fähigkeit, unser Statement aufrechtzuerhalten, wird dieser Verlust nicht nur unseren Partner/unsere Partnerin kränken oder verletzen, sondern auch uns selbst. Wir scheitern. Überdies nehmen wir den „Bruch" als energetische Information in unseren Körperzellen mit und meistens belasten diese Negativinformationen dann eine neue Beziehung von vornherein.

Verständlicherweise fühlt es sich meistens „richtig“ an, die Beziehung zu verlassen, wenn Sie auf Dauer „nicht mehr“ guttut – besonders dann, wenn man sich neu verliebt hat, was sich ja von Natur aus und im Vergleich dazu doppelt gut anfühlt. Aber schon allein der Umstand, dass ein neuer Partner/eine neue Partnerin in die noch bestehende alte Beziehung eintritt, bedeutet eine Verwicklung. Stellen Sie es sich vor wie bei einem Hotelbesuch: Der letzte Gast checkt an Ihrem Anreisetag gegen 11 Uhr aus, sodass die Reinigungskräfte etwa 5 Stunden Zeit haben, das Zimmer von allen „Altlasten“ zu befreien, bevor Sie um 16 Uhr in das saubere Zimmer kommen. Wie wäre es, wenn Sie schon mit dem Koffer im Flur stehen, die Zimmertür ist weit geöffnet, Sie sehen die Putzfrau das Bett abziehen und der letzte Gast zieht sich gerade die Schuhe an, um dann endlich zu gehen? Keine angenehme Situation.

Für eine Beziehungssituation ist es daher immer besser, zuerst die Trennung, wenn sie unvermeidlich ist, zu vollziehen. Es braucht dann immer eine Zeit, um den Schmerz zu verarbeiten und im neuen Lebensabschnitt des Alleinseins ganz anzukommen. Aus meiner Sicht haben neue Beziehungen eine wesentlich größere Chance zu gelingen, wenn das Ende der vorangegangenen Beziehung ganz vollzogen ist und der freie Partner ohne Ex im energetischen Schlepptau neu ansprechbar und wieder empfänglich geworden ist für eine nächste Erfahrung.

Hinzu kommt auch die zunehmende Tendenz, sich „schnell" scheiden zu lassen oder zu trennen, ist kein alleinstehendes Phänomen der gegenwärtigen westlichen Kultur: Immer mehr junge Menschen werden ganz allgemein beliebiger, in der Wahl ihrer Kleidung wie ihrer Freundschaften, Jobs und Wohnsitze. Sie leben geradezu nomadisch und sprunghaft. Wohlstand, Filme, Handys, alles ist im Überfluss verfügbar, wird häufig gewechselt – und so eben auch die Lebenspartner. Das bedeutet, dass immer weniger Wertschätzung besteht für das, was man hat. Das Leben vieler Menschen läuft unter dem Motto: *Es kann immer noch was Besseres kommen!* Beständigkeit wird „abtrainiert", die Lebensstile wechseln wie die Mode. Das geht einerseits mit gewissenloser Verschwendung einher und andererseits mit der unerbittlichen Ausbeute der Ressourcen – bis hin zur Zerstörung des Klimas, privat-zwischenmenschlich wie global.

Es ist kein Wunder, dass viele Menschen zunehmend abgeschnitten sind von echten Lebensgefühlen. Sie kommen kaum zur Ruhe und spüren keinen eigenen inneren Kern mehr, auf den sie sich beziehen könnten. Stress und latente Explosivität spielen also ebenso in Beziehungen hinein wie mangelnde Verbindlichkeit. Zu Hause, in der Beziehung und Familie, „knallt“ es dann meist zuerst, dann kommt der Burnout. Das heißt dann eben nicht, dass kein Bedürfnis nach dauerhaften Beziehungen mehr da wäre, aber das Feld, das bestellt wird, ist ausgelaugte Erde und bringt keine reiche Ernte mehr hervor. Die Lebensbedingungen sind oft enorm belastend, unabhängig vom Werte- und Sinnverlust. Einmal mehr geht es ganz konkret um Energie, das heißt darum, ausreichend Kapazität zu haben für die Beziehung. Ehen degradieren oft zu Ausruh-Verbindungen, die selbst aber nicht mehr leistungsfähig sind, geschweige denn kreativ-schöpferisch und erfüllend. Man ist bereits erschöpft, wenn die Beziehung beginnt – keine gute Voraussetzung.

Einerseits kraftlos, andererseits unstet und verwöhnt, finden Paare entweder immer schwerer zu einem gemeinsamen Statement oder sie können ihre Beziehungen nicht mit Stärke und Entschlossenheit durch Krisenzeiten bringen – und geben schnell auf. Die Beziehung oder Ehe hat kaum genug Zeit, sich zu bewähren und zu entwickeln. Weitere Gründe für Trennungen liegen auf der unbewussten energetischen Ebene auch in der fatalen Verwechslung der Beziehungsqualität: Man hält das Zusammensein beispielsweise für große Harmonie, obwohl es nur der Unterhaltung dient nach einem stressigen Arbeitstag. Die Kernerfahrung fehlt, gemeinsam das Leben bewusst zu gestalten, stattdessen wird das Zusammensein einfach konsumiert wie jede andere Ablenkung vom schmerzlichen Sinnverlust im eigenen Leben. Vielleicht kennen Sie es auch so: Dem Ende einer Beziehung ging bereits viel Zeit der Entfremdung voraus. Man liebte sich nicht mehr oder blieb auf Dauer unversöhnt. Womöglich kamen komplexere, ungelöste Verbindungen zu den Eltern oder Ahnen und sogar energetisch noch aktiv belastete Verbindungen zu den Expartnern hinzu.

Unter welchen Vorzeichen auch immer eine Beziehung beginnt oder endet, die Verbindung zwischen den Partnern ist immer nur so stark, wie die Verbindung der einzelnen Partner zu ihrem eigenen Herzen ausgeprägt ist. Je bestimmter unsere Vorstellung von Ehe ist, desto mehr entsteht ein subjektiv-individueller Wert der Verbindung. Wenn es zu einer Trennung oder Scheidung kommt, ist meist die Illusion oder die energetische, manchmal auch karmische Verstrickung erkannt worden bzw. offensichtlich geworden. Vielleicht haben Sie das selbst schon erlebt und bei anderen mit ansehen müssen: Je weniger Klarheit und Ausrichtung die Gründe zur Eheschließung gehabt haben, desto konfuser und chaotischer sind die Missverständnisse in der gemeinsamen Zeit aufgetreten und haben dazu geführt, einen Schlussstrich zu ziehen. Die Anziehungskräfte sind nicht mehr wirksam, die Attraktivität des gemeinsamen Lebensmodells besteht nicht mehr. Größere oder kleine Krisen haben das Paar aus der Bahn geworfen. Zwei komplett unterschiedliche Familien, Prägungen, Erfahrungen in Systemen, Geschwister, Werte, Lebensstile usw. haben sich als unvereinbar erwiesen. Egal, wie die Ausstattung am Anfang war oder die Erwartung, ob rosarot oder realistisch, es ist vorbei!

Damit keine Verbitterung oder Verschlossenheit entsteht, kommt es nun darauf an, auf das Trennungsprozedere ebenso viel Aufmerksamkeit zu verwenden wie auf das vorangegangene Commitment.

Dass zwei Menschen einander loslassen, kann auch ein Akt gegenseitigen Wohlwollens sein. Es ist natürlich leichter, einfach die Koffer zu packen und mit fliegenden Fahnen davonzurennen, doch alles Unausgestandene und Unausgesprochene wird einen früher oder später wieder einholen.

TIPP: Wenn Sie selbst davon betroffen sind, heißt es jetzt, stark und mutig zu sein und dieses Ende in Würde zu vollziehen, damit sich daraus keine neuen energetischen Altlasten ergeben, die Sie beide auf Ihren weiteren Lebenswegen behindern. Sie können sich bewusst Feedback geben, als bewusste Spiegel und in gegenseitiger Achtung, statt im Groll zu verharren oder den Partner/die Partnerin zu „verfluchen". Ein wesentliches letztes Geschenk, das Sie sich gegenseitig machen sollten, ist: den zukünftigen Weg des anderen zu segnen!

Es ist besser, einander in Frieden freizugeben – mit offenem Herzen –, als sich hinter einer gerichtlichen, formalen Abwicklung zu verstecken. Natürlich gehen Kinder immer vor, denn besonders sie müssen energetisch, physisch und emotional versorgt werden.

Die Ressource des Friedens kommt aus besonnenen Gesprächen, ehrlichen Reflexionen und dem richtigen Zeitpunkt: Wenn Sie bewusst lernen, im Alltag regelmäßig zu fühlen und mit sich selbst in liebevollem Kontakt zu sein, wird es Ihnen in einer solch herausfordernden Situation leichter fallen, weise zu sein, die richtigen Worte zu finden und die besten Entscheidungen zu treffen, um auch diese massive Veränderung selbstbewusst zu gestalten.

Trennungs-Ritual: Verabreden Sie sich mit Ihrem Partner/Ihrer Partnerin in einem dafür geeigneten Setting, vielleicht an einem Ort, der für Sie beide in der Beziehung von Bedeutung war. Sie vollziehen die Trennung ja nicht nur formal-juristisch, sondern vor allem tiefer im Herzen, sodass eine heilige Atmosphäre für Sie stimmiger sein mag als eine neutrale. Beginnen Sie als Paar mit der Grundübung – und wenn Ihre innere Verfassung es zulässt, ergänzen Sie diese mit dem Ritual des gegenseitigen Händeauflegens. Erklären Sie sich gegenseitig die Absicht, das gegebene Beziehungs- oder Eheversprechen, die gemeinsamen Pläne und Projekte innerlich abzuschließen und energetisch getrennte Wege zu gehen. Annullieren Sie alle Verbindlichkeiten wie bei einer Vertragslösung und geben Sie einander frei – als neuen energetischen Status.

Geht eine Beziehung zu Ende, ist es oft nicht leicht, sich in dieser Form voneinander zu verabschieden. Manchmal ist es dann ratsam, einen Mediator oder Paartherapeuten hinzuzuziehen.

In meiner Praxis habe ich schon viele Paare auf diesem Weg begleitet, und meistens konnte sich eine der beiden Personen noch nicht so schnell lösen, weil nicht beide gleichzeitig zu der Erkenntnis gekommen waren, dass eine Trennung der nächste Schritt sei.

Tipp: Legen Sie anschließend die Hände auf Ihr eigenes Herz und legen Sie die verbleibenden Verbindlichkeiten neu fest, beispielsweise die gemeinsame Sorge um die Kinder oder die gemeinsame Firma, falls Sie das entschieden haben. Formulieren Sie als Abschluss, in welchem Verhältnis Sie zukünftig stehen möchten, als Freunde, Kollegen, Eltern usw. Segnen Sie einander, indem Sie dies laut aussprechen, einen Schritt voneinander zurücktreten und mit einer Verbeugung bekräftigen.

In vielen Fällen war es dann hilfreich, auf der energetischen Ebene subtiler vorzugehen und die karmische Hauptqualität der Verbindung zu erkennen. Erst dann konnten auch beide voneinander ablassen und sich freigeben. Bei manchen aber setzte genau diese Einsicht die Verbindung erneut in Kraft. Tatsächlich fanden sich die beiden Seelen noch einmal zusammen, um die erinnerte karmische Verabredung einzuhalten – nicht selten erfolgreich.

Wenn Sie aber merken, dass Ihr Partner/Ihre Partnerin sich noch nicht von Ihnen lösen kann – oder auch umgekehrt –, dann nehmen Sie bitte Rücksicht und halten Sie respektvoll Abstand, um keine unberechtigte Hoffnung zu nähren oder auszunutzen. Das mag Ihnen schwerfallen, weil Sie ganz anders empfinden, doch Sie sollten sich bewusstmachen, dass die andere Person ganz real leidet. Setzen Sie liebevoll, aber deutlich Ihre aktuelle Grenze.

Der Mut und der Wille, sich ehrlich zu begegnen auch in der Zeit des Abschieds, setzt Selbsterkenntnis immer voraus. Die Fähigkeit, sich selbst zu begegnen, bevor man einander begegnet, bildet immer die Basis. Ohne Beziehungsfähigkeit gibt es auch keine Trennungskompetenz. Mitgefühl für den anderen zu haben gehört dazu, Empathie besteht ja unabhängig von Liebesgefühlen und selbst dann noch, wenn die Gefühle für den Partner/die Partnerin weitestgehend verloren gehen. In Anerkennung beider Geschichten sollte ab dem Moment, wo die Auflösung energetisch vollzogen ist, nicht mehr nachgefordert werden und auch keine weitere Erwartungshaltung ins Spiel gebracht werden. Am Ende geht es nur um das Verzeihen und darum, die beiden Systeme zu „resetten".

Im Übrigen lässt sich sehr vieles von dem auf die Situation übertragen, in der die Trennung durch den Tod des Partners/der Partnerin hervorgerufen wird. Gerade dann besteht für den Zurückbleibenden ein großes Maß an Unfreiwilligkeit zur Situation. Er oder sie muss erst trauern und sich langsam lösen, um sich zu gegebener Zeit dem nächsten Lebensabschnitt wieder mit Vitalität und Freude gewachsen zu fühlen.

Nachwort

Ich würde mich sehr freuen, mit diesem Buch viele Menschen zu erreichen, die in ihrem Herzen bereit sind, sich selbst besser kennenzulernen. Ich wünsche diesen Menschen den Mut, sich ihrer Innenwelt und ihren Gefühlen zu stellen und sich für ihre eigene Entwicklung zu entscheiden. Jeder Mensch kann die innere Stärke ausbilden, sich selbst wirksam zu helfen, nicht nur in Liebesdingen. Daher soll mein Buch eine Hilfe zur Selbsthilfe sein.

Zugegeben, der Beziehungsalltag ist nicht immer das reine Glück, gerade in langjährigen Partnerschaften. Doch aus meiner Sicht ist nicht nur eine gelingende Beziehung „gut", sondern jede Beziehung ist es, und selbst eine unvermeidbare Trennung kann es sein, weil wir **aus allem unablässig lernen.** Diese Einsicht möchte ich Ihnen, liebe Leserin, lieber Leser, mit auf den Weg geben: Es gibt kein Ideal! Es gibt nur individuelle Gestaltungsmöglichkeiten – ob Sie nun liiert, verheiratet oder Single sind oder in unklaren Beziehungsverhältnissen leben. Und wenn Sie dem Traum der wahren Liebe nachjagen, denken Sie daran, dass jede Wahrheit nur für den Moment gilt und nur für Sie! Die Erde verändert sich ständig, alles ist in ewigem Wandel begriffen. Richtig ist nur das, was jetzt gerade richtig für Sie ist. Ich möchte Ihnen zum Abschluss noch ein Geheimnis verraten:

Jede Beziehung ist ein Geschenk,
egal wie lange sie währt,
wie anstrengend oder beglückend sie ist.

Cenk Saresma

Gratis Meditation – Als Geschenk exklusiv für Sie!

Dorothee Döring

Familienglück im zweiten Anlauf

150 Seiten/broschiert

ISBN 978-3-941435-08-7 € 16,95

„Patchwork-Familien" haben mit der Romantik von TV-Familienserien nichts gemein, sondern spezielle Tücken, vor allem, wegen der Kinder aus früheren Beziehungen, mit denen eine solche Familie beginnt. Bei aller Verliebtheit und beflügelnder Zukunftspläne ist deshalb besonders am Beginn der neuen Beziehung Achtsamkeit angesagt, damit die Schatten der alten Beziehung das neue Glück nicht beschädigen.

Die Autorin zeigt, wie es gelingt, häufige Konfliktquellen zu umgehen, mit "Altlasten" zu leben, Fehler der Vergangenheit möglichst nicht in der neuen Beziehung zu wiederholen und mit Liebe, aber auch Pragmatismus und Klarheit die Chancen für das neue Familienglück zu nutzen. Hilfreich und unterhaltsam sind besonders die Fallbeispiele.

Dorothee Döring

Raus aus der Mutterfalle

202 Seiten, broschiert

ISBN-13: 978-3-945574-27-0 € 14,95

Erzieherin, Chauffeurin, Krankenschwester und Köchin, Animateurin, Geldverdienerin, Coach, Putzfrau, Managerin, Trösterin ... wohl niemals waren die Anforderungen an Mütter höher als heute – und wohl nie zuvor "scheitern" so viele an diesem Leistungsdruck. Selbstzweifel und Schuldgefühle sind häufig die Folge ... D. Döring zeigt Wege auf, wie Mütter dieser mentalen "Falle" entkommen können, indem sie lernen, sich selbst wertzuschätzen und zu lieben.